Cahier d'activités de voyage

Texte : Phil Clarke et Simon Tudhope

Maquette : Michael Hill et Marc Maynard

Rédaction : Sam Taplin

Contribution à la maquette : Ruth Russell et Nayera Everall

Pour l'édition française :
Traduction : Claire Lefebvre
Rédaction : Renée Chaspoul et Nick Stellmacher

Embouteillage dans le tunnel

1

Laquelle de ces files passera le tunnel le plus rapidement et laquelle sera la plus lente ? Additionne les boîtes que transportent les véhicule de chaque file. Moins une file en totalise et plus elle est rapide.

Tapis roulant extravagant

2

Guide ces bagages vers leurs propriétaires qui les attendent.

Aventure en safari

Dessine ce que tu vois de ta jeep.

Temps de voyage

Détermine lequel de ces voyages a été le plus court.

Départ **Arrivée**

Dessine un perroquet

Suis ces étapes simples pour dessiner un perroquet.

1 Dessine un corps.

2 Ajoute une aile.

3 Puis une queue, des pattes et un bec.

4 Pour finir, fais l'œil, une branche, et colorie.

Carrelage de triangles

Traverse le dessin en ne marchant que sur des triangles rouges, verts et jaunes. Tu peux avancer par les côtés, mais pas par les angles.

Dans quel pays ?

(1) Dans quel pays se trouve l'Everest ? a) France b) Japon c) Népal

(2) Dans quel pays la pizza a-t-elle été inventée ? a) Brésil b) Italie c) Égypte

(3) De quel pays le didgeridoo est-il originaire ?
a) Australie b) Kenya c) Canada

(4) Que peux-tu voir en Espagne : des combats de taureaux **ou** des combats de gladiateurs ?

(5) Dans quel pays se trouve la Cité perdue des Incas ? a) Égypte b) Pérou c) Chine

(6) Lequel de ces pays est l'intrus ?
a) Alaska b) Russie c) Thaïlande

(7) Dans quel pays peux-tu lézarder sous un palmier ?
a) Norvège b) Islande c) Fidji

Les drapeaux

8

Avec un crayon, passe sur les lignes en pointillé des deux drapeaux ci-dessous. Tu ne dois pas lever ton crayon ni passer sur une ligne deux fois.

La chasse au trésor

Suis les directions indiquées ci-dessous et découvre le trésor enterré.

Navigue vers l'est jusqu'à un obstacle, puis vers le sud. Près d'une terre habitée, prends vers l'ouest, puis vers le sud jusqu'à un lieu dangereux. Tourne vers l'est pour sauver ta vie, puis cap au sud vers la Montagne fumante. Dirige-toi alors à l'ouest jusqu'à une île. Tourne vers le sud et longe la côte jusqu'à ce que tu aperçoives, au sud-ouest, une baie mortelle. Maintenant cap à l'ouest aussi loin que possible. Creuse entre deux arbres et découvre le trésor.

Collection de bestioles

Complète la grille avec ces quatre bestioles. Chaque rangée, colonne et bloc de quatre cases doivent en contenir une de chaque.

Camp de vacances en canoë

Aide Pierrette à ramer jusqu'à son campement.

Voyage en avion

Pour son voyage de retour, guide le pilote d'aéroport en aéroport en évitant ceux en rouge, car ils sont en panne de carburant.

Bagage en excès

13

Ton groupe voyage dans un petit avion, mais, pour ce vol, il y a trop de bagages. Il ne faut pas dépasser 200 kg en tout. Quel bagage dois-tu laisser afin d'atteindre ce poids exact ?

Le Taj Mahal

Dessine l'autre moitié de ce célèbre monument indien.

La tête de clown

Suis les instructions de la page 190 pour plier cette page et la transformer en une tête de clown.

Coupe ou déchire suivant le pointillé.

Envoie une carte postale

16

Écris une carte postale à un ami, puis dessine quelques timbres pour l'envoyer.

Pour jouer en voiture

1 Lieux à la chaîne

Choisis un lieu. Le joueur suivant doit trouver un lieu dont le nom commence par la dernière lettre de ton lieu, et ainsi de suite. Par exemple : Paris... Sicile... Espagne...

2 Maintenant !

Un joueur repère quelque chose au loin, comme un pont. Il dit ce que c'est, puis les joueurs ferment les yeux. Dès qu'un joueur pense que la voiture l'a atteint, il s'écrie : « Maintenant ! »

3 Questions pour deviner

Un joueur choisit une personne ou un personnage célèbre. Le suivant tente de deviner de qui il s'agit en posant jusqu'à 20 questions dont la réponse ne peut être que oui ou non.

Un camping dangereux...

18

Que trouve-t-on en plus grand nombre dans ce camping : des ours ou des feux de camp ?

L'hippopotame parlant

Au zoo, un hippopotame a appris à parler. Il est interviewé par le journal du zoo. Complète l'article en remplissant les blancs.

Faites confiance aux...

ZOO INFOS

Un hippopotame affamé

Hier soir, au zoo, Horace, l'hippopotame, regarda son dîner, poussa un profond soupir et déclara : « Oh ! Encore de la laitue ! » Maintenant, dans un entretien exclusif, il nous parle de sa vie au zoo.

Journaliste : Bonjour, Horace. Comment allez-vous ?

Horace : Je vais bien, merci Jean.

Journaliste : Comment avez-vous appris à parler ?

Horace : ....

....

....

....

Photo : Horace mécontent

Journaliste : Aimez-vous votre vie au zoo ?

Horace : ....

....

....

Journaliste : Finalement, que voudriez-vous manger au dîner à la place de la laitue ?

Horace : ....

Les gratte-ciel

20

Avec tes crayons, complète le dessin de cette ville.

Une plage encombrée

21

Toutes sortes d'objets jonchent cette plage, des lunettes de soleil aux animaux marins. Mais qu'est-ce qui ne devrait pas s'y trouver ?

Course à l'aéroport

Additionne les résultats des opérations de chaque traînée et trouve l'avion dont le total est le plus grand : c'est celui qui atteindra l'aéroport en premier.

Dessine un château de sable

Suis les étapes pour dessiner ton château de sable.

1. Dessine deux tours.
2. Ajoute une porte au milieu.
3. Fais une tour au-dessus.
4. Ajoute des drapeaux et des coquillages.

La course au trésor

Trouve la route qui te mènera au trésor, mais évite de naviguer sous les tentacules géants des monstres marins !

Carré magique

Dans un carré magique, l'addition des chiffres de chaque rangée, colonne et diagonale donne le même total. Écris les chiffres manquants, de 1 à 9, dans les cases vides, afin d'obtenir dans chaque rangée, colonne et diagonale un total de 15.

	7	6
	5	
4		

Devinettes bêtes

1

Comment sais-tu qu'un éléphant est entré dans ton réfrigérateur ?

2

Qu'est-ce qui peut voler sous l'eau ?

3

La fille : Papa, il y a un homme avec une barbe à la porte.

4

Comment appelles-tu un boomerang qui ne revient pas ?

5

Comment appelles-tu un extraterrestre sans oreilles ?

6

Pourquoi les poissons rouges sont-ils orange ?

7

Qu'est-ce qui est gros et rouge et mange des rochers ?

8

Au cinéma, où s'assoie un gorille d'une demi-tonne ?

Réponses

1

Aux empreintes dans la margarine

2

Un perroquet dans un sous-marin

3

Le père : Dis-lui que j'en ai déjà une.

4

Un bâton

5

Ce que tu veux : il ne peut pas t'entendre !

6

Parce que l'eau les fait rouiller.

7

Un gros mangeur de rochers rouges

8

Ben, où il veut !

Illusion d'optique

Ces petits carrés forment-ils une spirale ou des cercles séparés ? Pour en être vraiment sûr, vérifie à la fin du cahier dans les pages Réponses.

Mots croisés

Horizontal

1. Amarrer une embarcation (6)
6. Devenu livide (5)
7. Grande étendue d'eau salée (3)
8. Grand poisson mis en boîte (4)
10. Œufs de poisson (4)
12. Période de vie (3)
13. On le trouve sur les plages (5)
15. Cétacé avec une corne (6)

Vertical

2. Il avait une arche (3)
3. Grand poisson avec des ailes (4)
4. Manœuvrer un bateau (5)
5. ... les vaches pour leur lait (6)
6. Embarcation (6)
9. Énorme étendue d'eau salée (5)
11. Braver (4)
14. C'est un constricteur (3)

La course en hors-bord

Avec un crayon, trace une ligne jusqu'à l'île aussi vite que possible, en restant dans le tracé bleu pâle. Chronomètre ton temps.

Addition de pommes

Accroche des pommes sur les arbres nus de ce verger, afin que le total des pommes de chaque rangée soit 17. Chaque pommier doit avoir entre 1 et 9 pommes, et aucun ne doit en avoir le même nombre.

Cherche le poisson

Cherche le poisson qui ne fait pas partie d'une paire et entoure-le d'un trait.

Le manchot bavard

Reporte-toi aux instructions de la page 188 pour transformer cette page en manchot bavard.

Graine d'explorateur

1 Quels féroces guerriers découvrirent l'Islande, le Groenland et l'Amérique du Nord ? a) les Romains b) les Mongols c) les Vikings

2 Quelle direction indique l'aiguille d'une boussole ?

a) est b) ouest c) nord

3 L'explorateur qui découvrit l'Australie se nommait le capitaine...

a) Cousteau b) Cartier c) Cook

4 Qui voyage dans l'espace-temps grâce au TARDIS, une cabine de police bleue ? a) Sherlock Holmes b) le docteur Who c) Dark Vador

5 Qui découvre le pays des Oompa-Loompas ?

a) Willy Wonka b) le capitaine Némo c) Harry Potter

6 Où pourrais-tu trouver la cité perdue de l'Atlantis :

au fond de l'océan **ou** enterrée dans le désert ?

7 Qui navigua jusqu'en Amérique au XVe siècle :

Neil Armstrong **ou** Christophe Colomb ?

La tour du dragon

Aide ce courageux chevalier à grimper le long des lianes pour atteindre le dragon. Tu peux partir de n'importe quelle liane.

Comment dessiner une voiture 35

Dessine des voitures sur ces routes en suivant les étapes :

Dessine les roues.

Puis fais la carrosserie.

Ajoute des fenêtres.

Puis des détails, et colorie la voiture.

Trafic aérien

Combien peux-tu compter d'avions ?

L'ascension de l'espion

Aide cet espion à grimper jusqu'au toit sans être vu. Il ne doit pas traverser de fenêtre éclairée ni se déplacer en diagonale.

Les montgolfières

Décore ces montgolfières de motifs colorés.

Graine de navigateur

1. Qu'est-ce qui a fait couler le Titanic ?

   a) une énorme vague b) une torpille c) un iceberg

2. Lequel de ces vaisseaux navigue sous l'eau :

   un sous-marin **ou** un pédalo ?

3. Dans lequel de ces bateaux les Vikings naviguaient-ils : une jonque **ou** un drakkar ?

4. Qui était un pirate célèbre ?

   a) Barbe Bleue b) Barbe Noire c) Barbe Rousse

5. Dans quoi dorment les marins : un hamac ou un hammam ?

6. Quel pays ne peut-on pas atteindre en bateau ?

   a) Espagne b) Suisse c) France

7. Quel est le nom du vaisseau du capitaine Jack Sparrow dans le film *Pirates des Caraïbes* ?

   a) le Hollandais volant b) le Black Pearl c) l'Adventure

Le jeu de la ruche

40

Dans ce jeu, chaque joueur, à son tour, remplit une alvéole sur un rayon triangulaire de la ruche. Le premier qui obtient un motif touchant les trois côtés du rayon a gagné. Le noir a remporté le jeu ci-dessous. Tente ta chance dans les autres rayons.

Le diseur de bonne aventure

Reporte-toi aux instructions page 187 pour plier cette page en diseur de bonne aventure. Demande-lui où tu voyageras cette année.

Coupe ou déchire suivant le pointillé.

Sur la jetée du port

Trouve ton chemin sur la jetée de ce port à partir du bateau venant tout juste d'accoster.

Les vases de fleurs

Les fleurs ayant un nombre de pétales impair vont dans le vase rouge et celles avec un nombre de pétales pair, dans le bleu. Dessine la queue de chaque fleur et plonge-la dans le bon vase.

Virelangues

Lis à haute voix ces virelangues aussi vite que tu peux.

1 Trois gros rats gris dans trois gros trous creux ronds rongent trois gros croûtons ronds et trois très gros grains d'orge.

2 Choisis six cents chouchous et si ces six cents chouchous sont chouettes, choisis-en six cents autres.

3 Sur six souches couchées séchaient seize chemises et soixante chaussettes toutes sens dessus dessous.

4 Un chasseur sachant chasser doit savoir chasser sans son chien.

5 Sur six chaises sont assis six frères, sur six cent six chaises sont assis six cent six frères.

6 Je veux et j'exige un coussin sur chaque siège.

Tonton Tati, ton thé a-t-il ôté ta toux?

L'image cachée

Colorie en bleu les formes avec un point bleu, en vert celles avec un point vert et ainsi de suite. Que montre l'image ?

Abeilles ou araignées ?

Transforme chaque cercle en une abeille ou en une araignée, de façon qu'il y ait deux fois plus d'abeilles que d'araignées.

Le petit train de la fête

Guide ce petit train jusqu'à la sortie, dans le dédale de voies de cette fête foraine.

Croix de mots

Trouve la lettre au centre de chaque croix afin d'obtenir quatre mots différents de trois lettres.

1

2

3

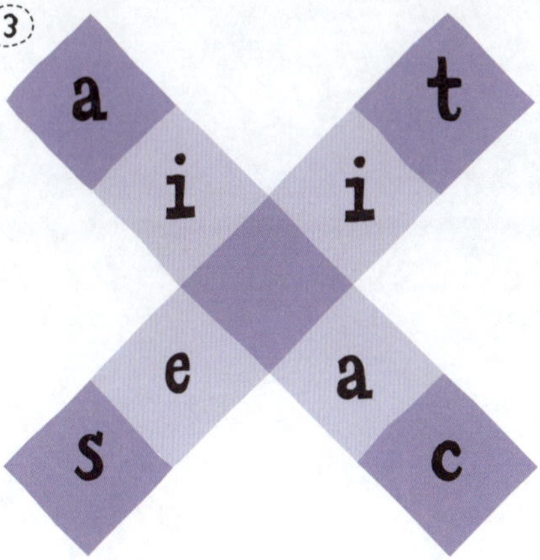

4

Compte les ponts

La voiture qui passera sous le plus grand nombre de ponts arrivera la première au pont de chemin de fer.

Trouve laquelle.

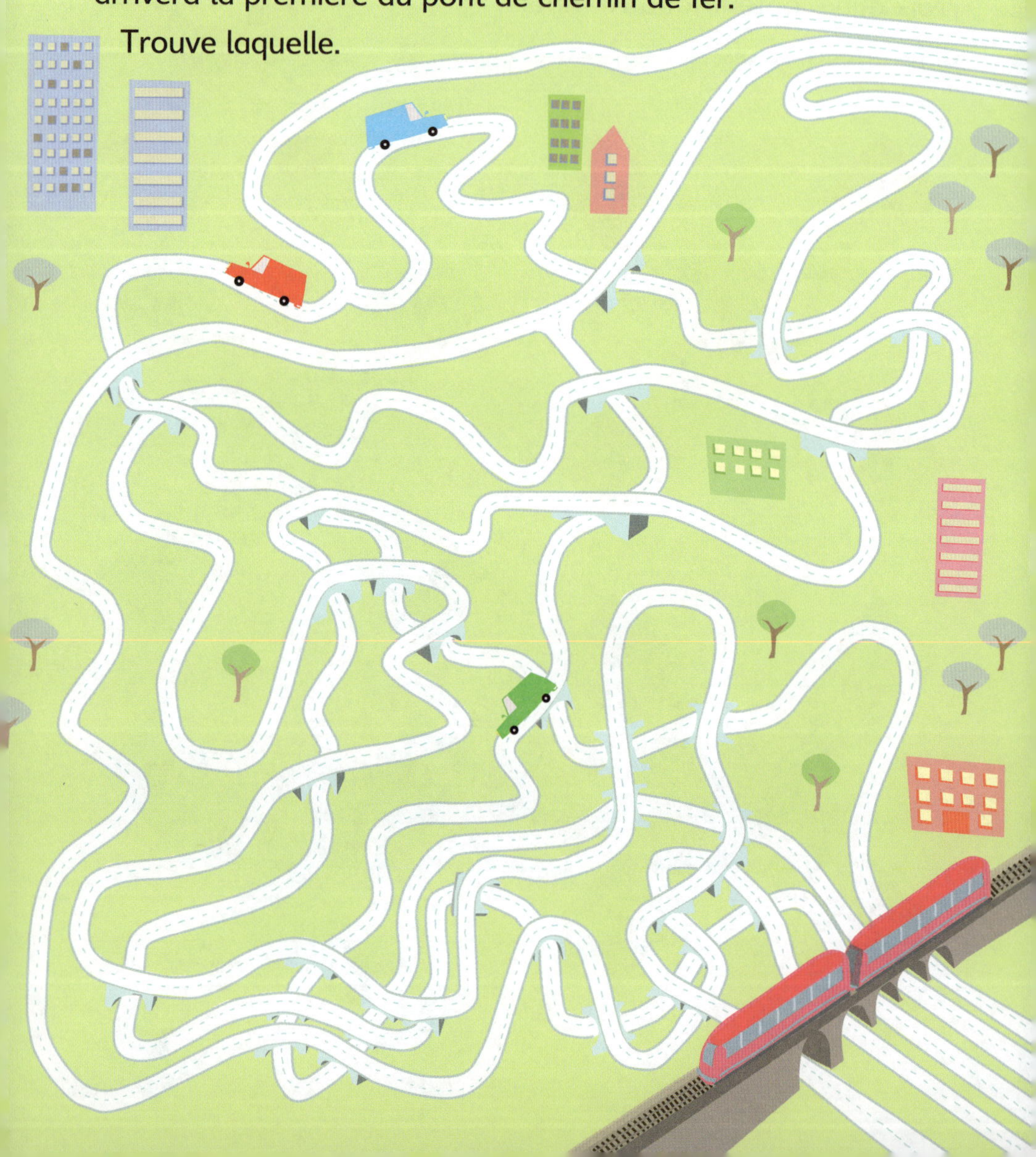

Divise le monde

Le trajet de cet avion divise le monde en deux parties. Peux-tu le diviser en sept parties en ajoutant seulement deux lignes droites ?

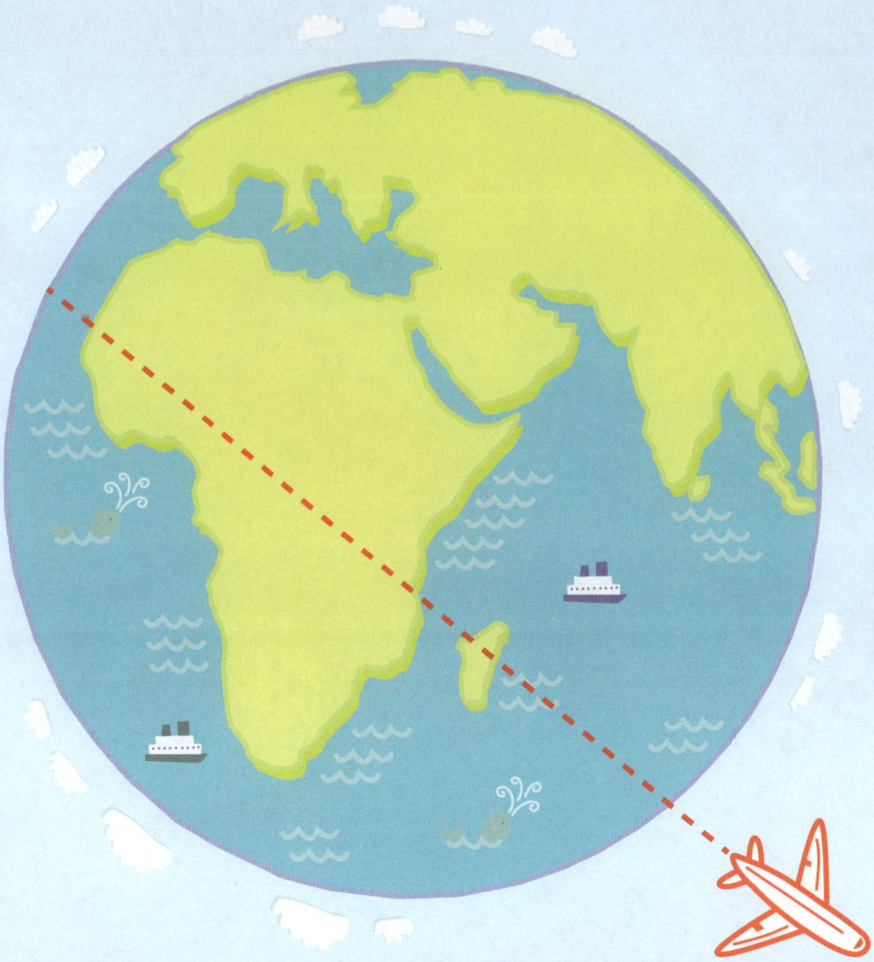

La fusée spatiale

Suis les instructions de la page 190 pour plier cette page et faire une fusée.

Coupe ou déchire suivant le pointillé.

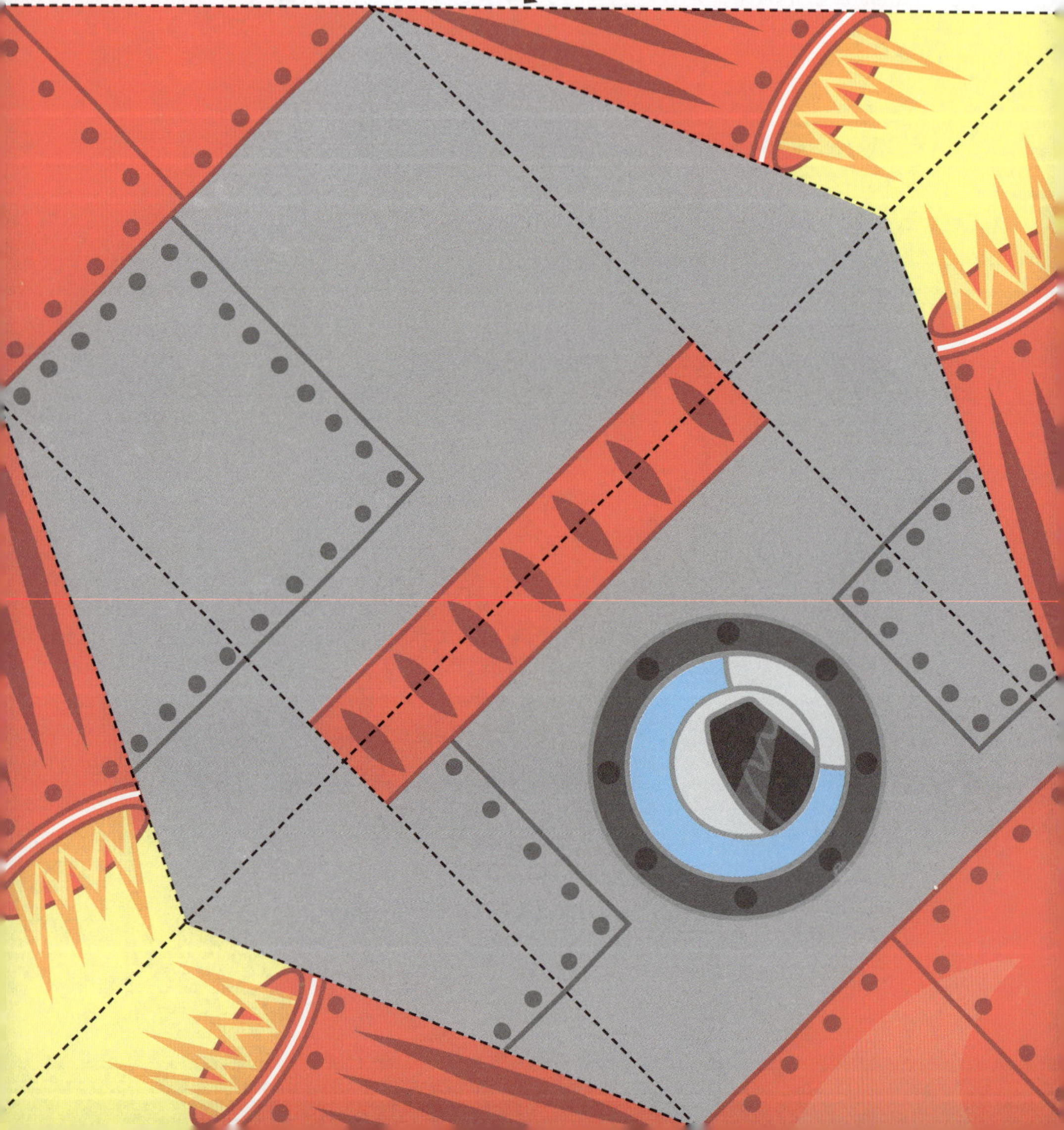

Sur ton étagère

Invente des titres rigolos pour tous ces livres.

Dessine un papillon

Crée un magnifique papillon en suivant ces étapes :

1. Dessine un corps.
2. Ajoute des ailes.
3. Fais des antennes.
4. Dessine des détails et colorie.

Pingouins en vacances

Tous ces pingouins sont prêts pour les vacances, mais seule une rangée correspond à celle des silhouettes noires. Laquelle ?

1

2

3

Démarrage au quart de tour

Trace une ligne le long de cette route le plus vite possible.
Prends garde de ne pas mordre sur les bas-côtés.

Œil de faucon

Tu peux jouer seul ou avec des amis. Chacun reçoit une carte et doit trouver le plus vite possible tous les objets qui y figurent.

Coupe ou déchire suivant le pointillé.

Carte 1 ✓

- Chien ☆
- Voiture rouge ☆
- Train ☆
- Table de pique-nique ☆
- Bateau ☆

Carte 2 ✓

- Restaurant fast-food ☆
- Panneau de limitation de vitesse ☆
- Voiture bleue ☆
- Camion de pompier ☆
- Oiseau ☆

Carte 3 ✓

- Avion ☆
- Moto ☆
- Hôtel ☆
- Agent de police ☆
- Pizzeria ☆

Carte 4 ✓

- Église ☆
- Ambulance ☆
- Camion ☆
- Feu de signalisation ☆
- Chapeau de paille ☆

Carte 5 ✓

- Bus ☆
- T-shirt ☆
- École ☆
- Voiture jaune ☆
- Rivière ☆

Carte 6 ✓

- Cheval ☆
- Supermarché ☆
- Sac à dos ☆
- Lunettes ☆
- Bébé ☆

Carte 7 ✓

- Maison ☆
- Ballon ☆
- Vache ☆
- Panneau d'affichage ☆
- Cône de signalisation ☆

Carte 8 ✓

- Bicyclette ☆
- Ferme ☆
- Boîte aux lettres ☆
- Chat ☆
- Pont ☆

Fait ou fiction ?

1 Le boomerang a été inventé par les Grecs anciens.

2 On trouve encore des dinosaures au Japon.

3 Des gens ont traversé la Manche à la nage de l'Angleterre à la France.

4 Quand tu éternues, ton cœur saute un battement.

5 Depuis l'espace, on peut voir les pyramides de Gizeh.

6 Le chocolat est un poison pour les chiens.

7 Michael Jackson a été le premier homme qui a marché sur la Lune.

8 La capitale des États-Unis est New York.

9 Zinedine Zidane est un boxeur célèbre.

10 Un chimpanzé a été envoyé dans l'espace.

Mots croisés

58

Horizontal

1. 1 + 2 + 3 (3)
2. Frayeur (4)
6. Place publique dans la Grèce antique (5)
7. Dracula en est un (7)
11. Représentation visuelle (5)
12. Pas propre (4)
13. Par terre (3)

Vertical

1. Habite à Hollywood (4)
3. Lieu de cauchemars (5)
4. Gros rongeur (3)
5. Mammifère marin intelligent avec un long nez (7)
8. Quatrième mois (5)
9. Unique (4)
10. Répétition (3)

Points à relier

Relie les points afin de donner vie à cet animal marin.

Déchiffre les codes

60

L'agent spécial X a laissé un message secret codé avec le code 123. Peux-tu le déchiffrer ?

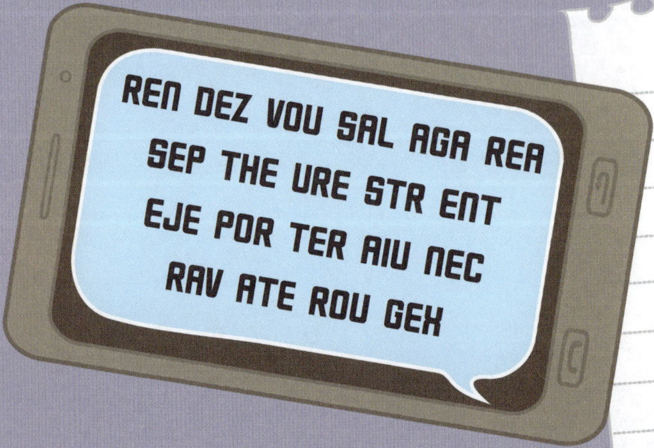

L'agent spécial Z répond en laissant un message codé avec le code 123-inversé. Que dit-il ?

Une promenade dangereuse

Guide le Petit Chaperon rouge à travers la forêt jusqu'à la maison de sa grand-mère en évitant animaux sauvages et sentiers bloqués.

Un bel aquarium

Dessine des écailles sur les poissons et d'autres poissons dans les espaces blancs.

Bric-à-brac de plage

Tu pourrais trouver tous ces objets à la plage, mais combien en comptes-tu dans le bric-à-brac ci-dessous ?

Le hibou

Plie cette page en suivant les instructions de la page 189 et transforme-la en hibou.

Coupe ou déchire suivant le pointillé.

L'antre du dragon

Tu es un vaillant chevalier à la recherche de l'antre d'un dragon qui a dérobé l'or du roi. Étudie les symboles ci-dessous pour parvenir à te diriger sur la carte.

Symboles

Suis la rivière vers le nord.

Tourne vers l'est à une pierre levée.

Va vers le sud à un arbre mort.

À une tour, tourne vers l'ouest.

L'antre du dragon est dans :

La Montagne nuageuse ?

Le Lac noir ?

La Forêt maléfique ?

Illusion d'optique

66

Les lignes rouge foncé de la grille ne sont pas parallèles : vrai ou faux ? Vérifie à la fin du cahier dans les pages Réponses.

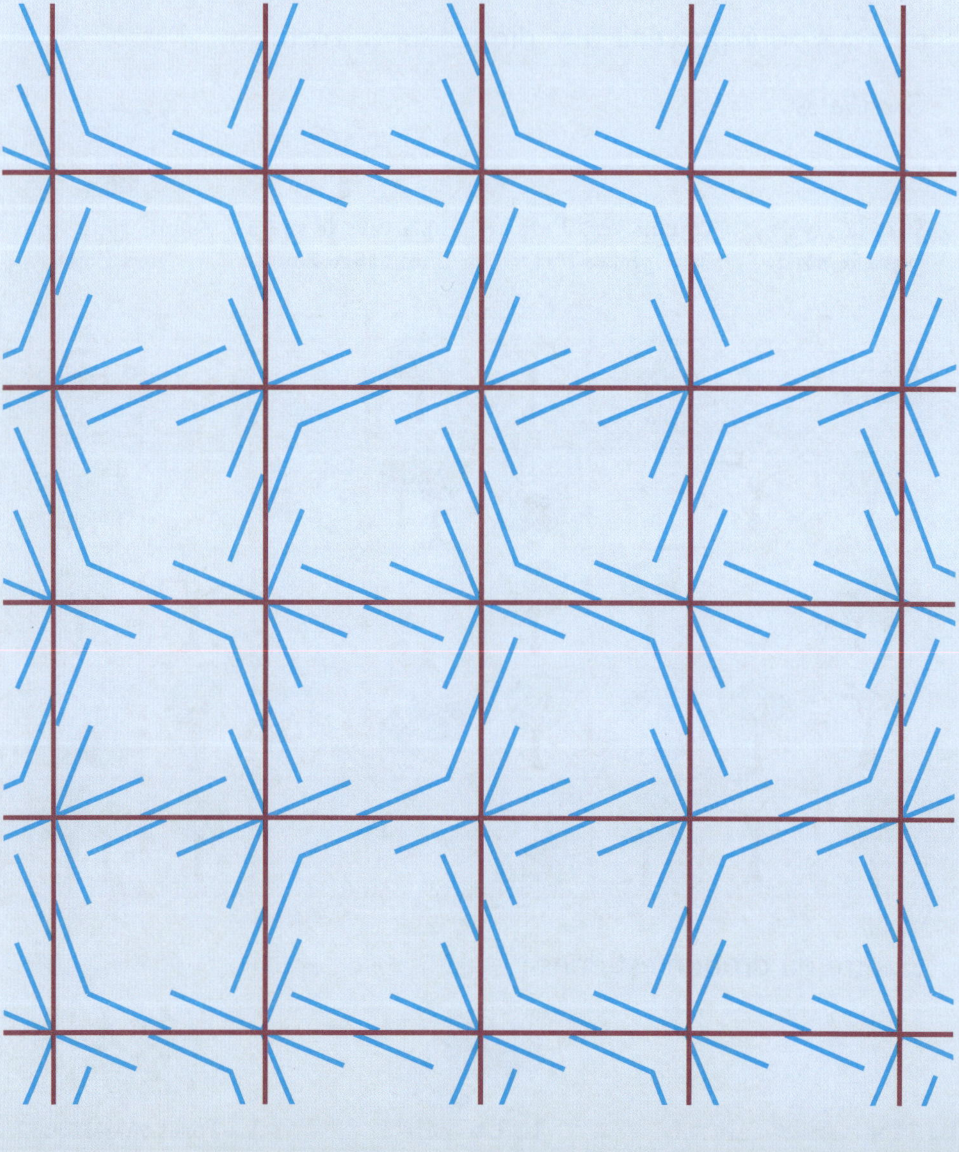

Questions bêtes

1 Quelle créature légendaire mi-homme mi-singe vivrait dans l'Himalaya : Bigfoot **ou** l'abominable homme des neiges ?

2 Lequel de ces animaux vit dans la région du pôle Nord : l'ours polaire **ou** le manchot ?

3 En Inde, quel est le serpent que charment les charmeurs de serpents ? a) le python b) le cobra c) le mamba

4 Un groupe de lions est appelé :
a) une troupe b) une harde c) une meute

5 La baleine bleue est le plus grand animal ayant jamais existé sur la Terre. Vrai **ou** faux ?

6 Que stockent les chameaux dans leurs bosses : de l'eau **ou** de la graisse ?

7 Que boit la chauve-souris vampire : du sang **ou** de l'eau ?

8 Comment se nomme la maison du blaireau ? a) repaire b) terrier c) antre

Mot mystère

68

Raye les formes listées au bas de la page, puis écris les lettres des formes restantes et découvre un lieu peuplé d'étoiles.

Formes jaunes   Cercles   Formes roses   Étoiles   Croix
Lunes   Formes rouges   Formes vertes

....

Dessine des oiseaux

Suis les étapes ci-dessous pour dessiner de mignons oiseaux du jardin.

1 Dessine deux corps avec des pattes.

2 Ajoute un bec à chaque corps.

3 Orne les oiseaux d'une queue de plumes.

4 Pour finir, dessine des ailes et colorie.

La bonne valise

Heureusement que ta valise est légèrement différente des autres ! Laquelle est-ce ? Écris tes initiales sur l'étiquette.

Des heures d'amusement !

1 **Sans dire « Oui »** Dans ce jeu, chaque joueur pose une question, telle que : « Es-tu réveillé ? » Le joueur doit répondre la vérité, mais sans dire « Oui ». Par exemple : « Je dois l'être, car je te parle ! »

2 **Oh non ! Mais...** À plusieurs joueurs, inventez une histoire qui passe du bon au mauvais puis au bon, et ainsi de suite. Par exemple :

Laura : Oh non ! Un ours affamé nous fonce dessus !
Michèle : Mais il ne veut que du miel.
Vicky : Oh non ! Ma main est couverte de miel !

3 **Écrire dans la main** Ferme les yeux et tends la main. L'autre joueur pense à un mot et trace chaque lettre sur ta paume. Tu dois deviner le mot.

4 **Préférerais-tu ?** Tour à tour, posez-vous un choix difficile. Par exemple : préférerais-tu voler ou devenir invisible ? Avoir deux nez ou trois yeux ? Être pauvre mais populaire ou riche mais détesté ? Être incapable de rire ou incapable de mentir ?

Un camping bondé

Dessine autant de tentes que possible dans ce camping.

Un sentier perdu

Trouve le chemin qui te mènera à l'oasis en évitant les serpents, les vautours et les sables mouvants.

Grille énigme

Raye chaque lettre de l'énigme ci-dessous dans la grille et découvre qui je suis.

Sans bouger de mon coin je vagabonde autour du monde

s	t	e	d	u	i	e
t	a	o	a	m	u	o
o	b	n	o	c	b	e
u	m	a	g	d	s	n
v	r	e	n	i	g	j
m	o	n	e	r	a	u
e	b	d	o	d	n	r

Réponse : ....

Illusion d'optique

Tiens cette page à environ 30 cm de ton visage, puis fixe le point noir pendant 30 secondes. Qu'arrive-t-il aux taches colorées ? Vérifie dans les pages Réponses à la fin du cahier.

Le monstre

76

Suis les instructions de la page 189 pour plier cette page et la transformer en un monstre.

Coupe ou déchire suivant le pointillé.

Le repas de la girafe

Cette girafe mange 10 feuilles toutes les 30 minutes. Combien de temps pourra-t-elle se nourrir sur cet acacia ?

Le cube gourmand

En pliant la forme ci-dessous, tu obtiens l'un des trois cubes. Lequel ?

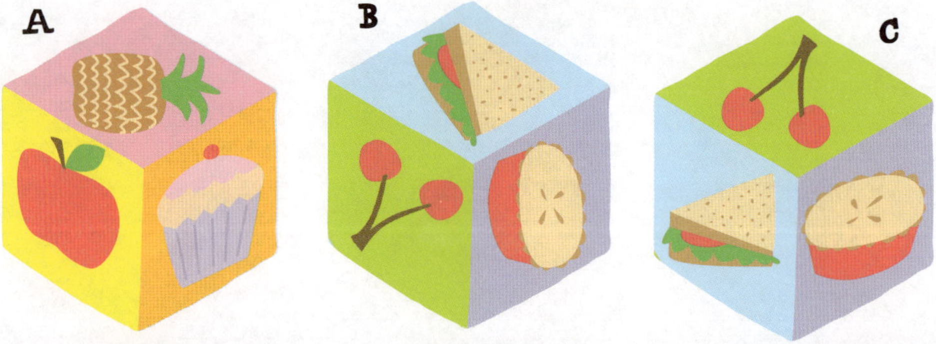

Vrai ou faux ?

1. Des astronautes ont atterri sur Mars.

2. Lorsque c'est l'été en France, c'est l'hiver en Australie.

3. La langue parlée par le plus grand nombre de gens est le chinois.

4. Le Groenland est recouvert de forêts.

5. Les terres représentent 70 % de la surface de notre planète.

6. Il n'y a que douze personnes qui ont marché sur la Lune.

7. Le Soleil tourne autour de la Terre.

8. Les lions vivent dans la forêt amazonienne.

Promenade au parc

C'est une belle journée pour aller au parc. Dessine des gens qui font du sport, jouent au cerf-volant, ou ce que tu veux.

Dessine un lapin

Fais un petit lapin en suivant les instructions ci-dessous :

1

Dessine un corps et une tête.

2

Ajoute des pattes.

3

Puis des oreilles et une queue.

4

Enfin, donne-lui une face et colorie.

La pile de bagages

Le poids de chaque bagage est la somme des poids des deux bagages sur lesquels il repose. Trouve les poids manquants.

Le refuge en montagne

83

Guide ces randonneurs entre les arbres, jusqu'au refuge où ils pourront se réchauffer et déguster une boisson chaude.

Une étrange découverte

Un jour, à l'école, tu frappes à la porte du professeur. Personne ne répond. Tu t'apprêtes à partir lorsque tu remarques une étrange lumière bleue à l'intérieur. La porte s'ouvre en grinçant. Qu'est-ce que c'est que ce truc, là, dans le coin ? On dirait une machine à voyager dans le temps ! Comme il n'y a personne en vue, tu te glisses à l'intérieur et tu actionnes le cadran.

Raconte ce qui se passe ensuite...

....

....

....

....

....

....

....

Dans la jungle

Repère ces pièces dans le dessin ci-dessous et note leur position.

= f1 = = = =

Ombres chinoises

86

Attends qu'il fasse nuit et braque une lampe sur un mur. Essaie de représenter ces animaux en ombres chinoises.

Bouge tes petits doigts de haut en bas pour faire aboyer le chien.

Bouge tes doigts pour donner l'impression que l'éléphant remue sa trompe.

Place deux bandes de papier entre tes doigts en guise de langue pour le serpent.

Agite tes mains pour voir l'oiseau battre des ailes.

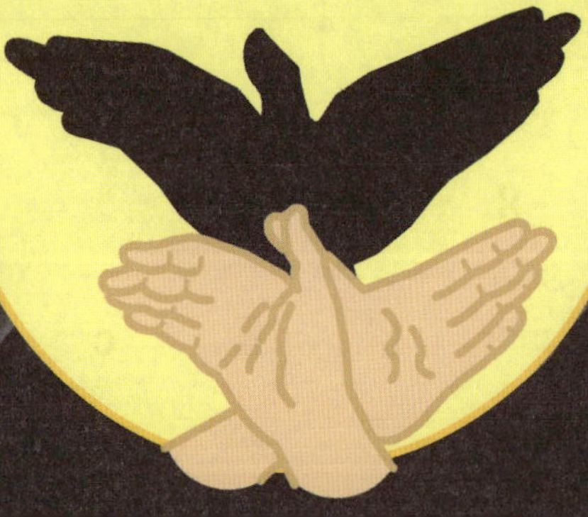

Dessine un lion

Donne vie au roi de la jungle en suivant les étapes suivantes :

Dessine une tête et sa crinière.

Ajoute des pattes avant et des pieds.

Puis fais les pattes arrière et la queue.

Finis par des détails et colorie.

Un peu d'imagination !

Que vois-tu dans ces gribouillages ? Utilise ton imagination, puis retourne la page et découvre quelques idées amusantes.

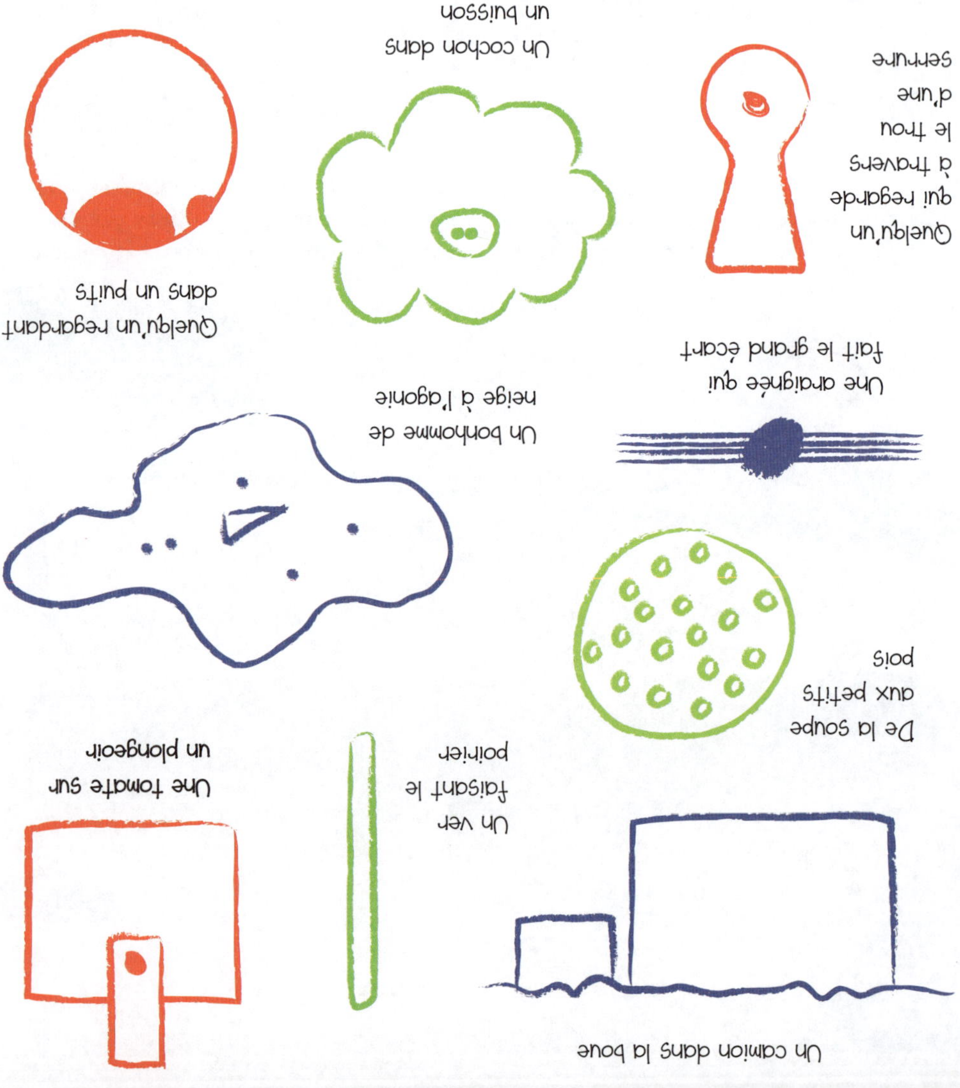

Les symboles météo

Détermine la valeur des symboles et dessine celui qui manque.

La somme de chaque ligne et de chaque colonne est indiquée.

15

8

16

10

20 10 11 8

....

Les soucoupes volantes

L'une des soucoupes volantes de cette flotte extraterrestre est différente. Laquelle ?

Retrouve la balle

Trace une ligne du garçon à la balle aussi vite que possible, mais ne t'aventure pas sur la pelouse !

Illusion d'optique

Rapproche puis éloigne cette page de ton visage. Vois-tu les cercles tourner ? Vérifie dans les pages Réponses.

Quiz du globe-trotteur

1. Quel est l'opposé du sud-ouest ?

2. Quelle ville italienne est célèbre pour ses nombreux canaux ?
   a) Venise   b) Rome   c) Florence

3. Quel océan est si profond qu'il pourrait recouvrir l'Everest ?
   a) Indien   b) Atlantique   c) Pacifique

4. Où pourrais-tu apercevoir le monstre du Loch Ness ?
   a) en Allemagne   b) en Écosse   c) au Maroc

5. Quel endroit n'est pas réel ?
   a) Transylvanie   b) Laponie   c) Gotham city

6. À Paris, où peux-tu voir des personnages célèbres en cire :
   au musée du Louvre **ou** au musée Grévin ?

7. Où se situe le triangle des Bermudes :
   dans le désert du Sahara **ou** dans l'océan Atlantique ?

La Pipopipette

Se joue à deux avec une feuille de papier et des crayons, mais vous pouvez y jouer sur le sable de la plage avec des galets.

Prépare une grille de points. Ensuite, à tour de rôle, tracez un trait entre deux points. À chaque fois qu'un joueur complète un carré, il écrit son initiale à l'intérieur puis rejoue. Lorsqu'il ne reste plus de trait à faire, le joueur qui compte le plus de carrés gagne.

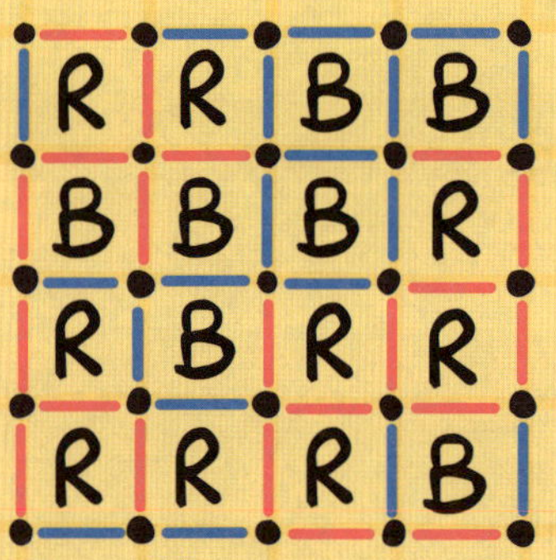

Pays et capitales

Trouve les six pays et leurs capitales, listés ci-dessous, sur la grille. Ils peuvent être écrits en tous sens.

A	L	L	E	M	A	G	N	E	T	U
K	R	G	N	D	U	A	R	N	G	V
T	E	A	E	M	I	D	B	I	E	A
F	P	B	U	R	L	A	I	H	O	U
C	E	F	O	G	W	N	G	C	R	S
K	K	B	L	A	D	A	U	H	G	T
S	I	F	T	M	S	C	Y	D	E	R
L	N	T	K	E	N	Y	A	F	T	A
J	O	P	N	I	L	C	N	E	O	L
B	E	R	L	I	N	A	A	T	W	I
S	A	R	R	E	B	N	A	C	N	E

Pékin	Berlin	Chine	Canada
Guyana	Nairobi	Kenya	Australie
Allemagne	Ottawa	Canberra	Georgetown

Tire un trait reliant chaque capitale à son pays.

Les porte-clés

Invente des porte-clés souvenirs des quatre coins du monde.

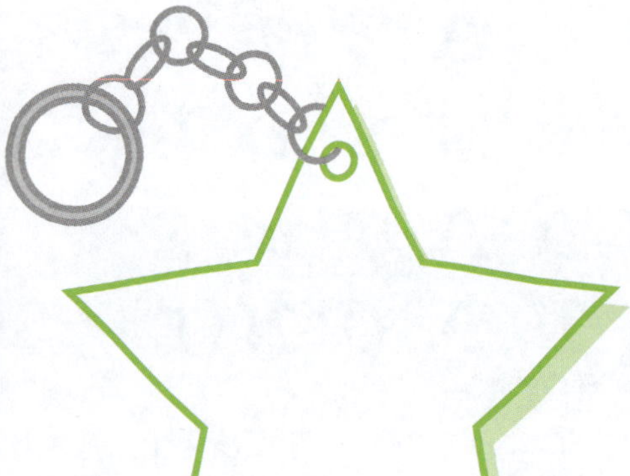

Lance des défis !

Reporte-toi aux instructions de la page 187 pour plier cette page.

Tu pourras alors lancer des défis à tes amis.

Coupe ou déchire suivant le pointillé.

Drôles d'immatriculations

98

Se joue à un ou à plusieurs, avec des plaques d'immatriculation :

1. Utilise les lettres d'une plaque pour inventer une phrase bizarre. Par exemple, BST pourrait devenir « bête sans tête » ou « babouin sentant terrible ».

2. Invente une histoire à partir des lettres. La première lettre est l'initiale de ton personnage. La seconde donne l'action et la troisième ce qu'il fait. Ainsi, **SRW** pourrait commencer une histoire dans laquelle **S**uperman **R**ejoue un **W**estern.

3. Cherche les plaques sur lesquelles les lettres et les chiffres sont dans l'ordre. Par exemple :

Cherche les points

Combien y a-t-il de points bleu vif sur cette page ?

Face à face au saloon

Tu es en train de siroter du jus de cactus au saloon lorsqu'un personnage apparaît dans l'entrée, bloquant la lumière. La salle s'assombrit. Il pointe le doigt sur toi : « Je t'ai cherché partout, dit-il, nous avons un compte à régler. »

Écris ce qui se passe ensuite...

....

....

....

....

....

À l'aéroport

Quelle porte choisirais-tu pour arriver à l'avion ?

Animaux, vrai ou faux ?

102

1. Les autruches enfoncent leur tête dans le sable.

2. Une puce peut sauter au-dessus d'un gratte-ciel.

3. Les requins existaient déjà avant les dinosaures.

4. Les girafes nettoient leurs oreilles avec leur langue.

5. Les mules sont têtues.

6. Les éléphants ont peur des souris.

7. Le cœur d'une baleine bleue a la taille d'une petite voiture.

8. Les flamants se reposent sur une patte.

9. Les crocodiles dévorent plus de gens que n'importe quel autre animal.

10. Les lemmings se jettent des falaises.

Illusion d'optique

Les cercles de la rangée centrale sont plus foncés que les autres : vrai ou faux ? Vérifie à la fin dans les pages Réponses.

Vue d'avion

Dessine ce que le pilote voit depuis le cockpit de son avion.

Des fleurs futées

Ajoute le bon nombre de feuilles sur la droite de chaque tige, de sorte que :

feuilles de gauche x **feuilles de droite** = **nombre sur la fleur**

Décalage horaire

106

Londres est en retard de trois heures sur Moscou. Bombay est en avance de deux heures et demie sur Istanbul. Paris est en avance d'une heure sur Londres. Écris le nom des villes sous la bonne horloge.

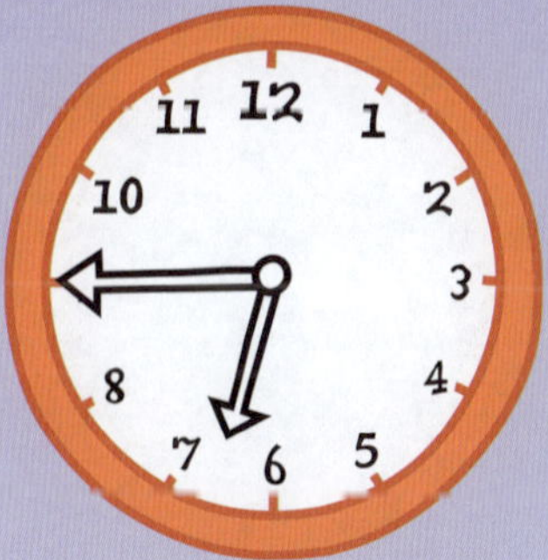

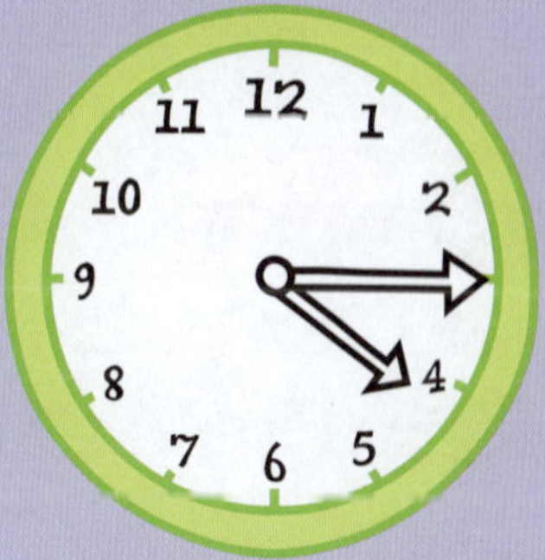

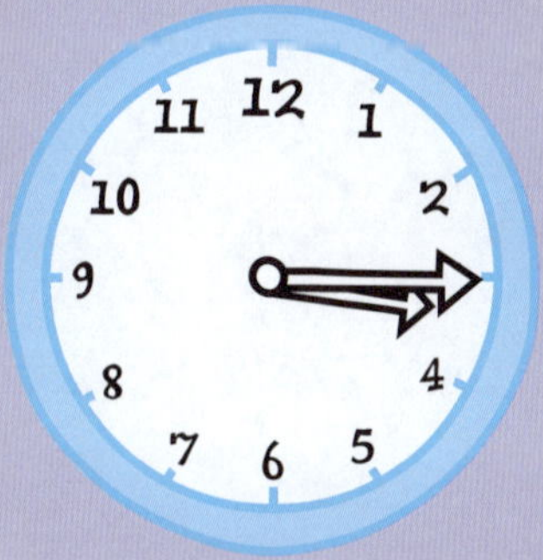

....

....

....

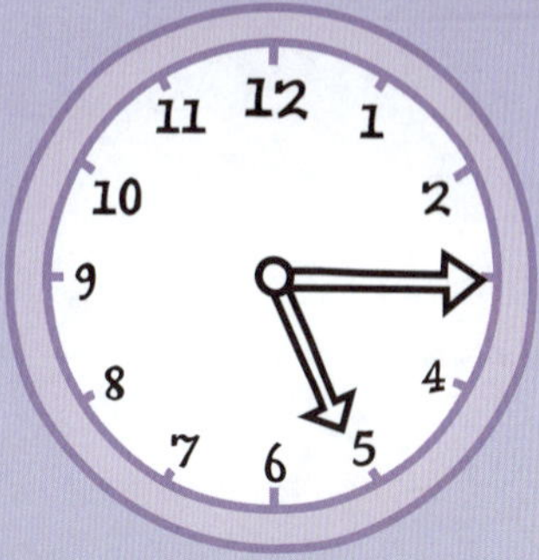

....

....

Points à relier

Relie les points et découvre ce qui nage vers toi.

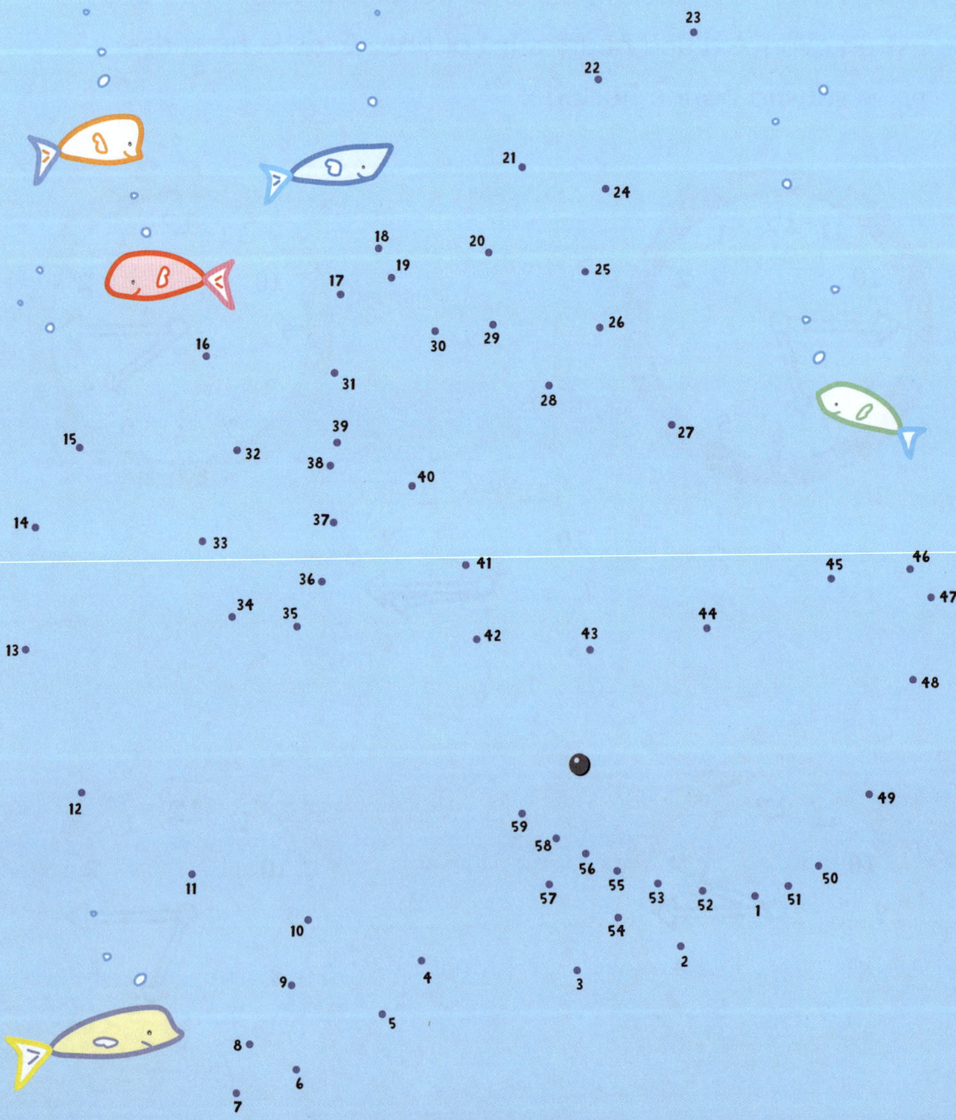

Des momies au musée

Trace une ligne aussi vite que tu peux pour t'enfuir de ce musée hanté. S'il te faut plus d'une minute, ou que tu touches les murs, les momies t'attraperont !

Rayons X à l'aéroport

Dessine ce que la machine à rayons X révèle à l'intérieur de ta valise.

Devinettes

1 Alimente-moi et je vis, donne-moi à boire et je meurs.
Qui suis-je ?

2 J'ai un cou mais pas de tête, deux bras mais pas de mains.
Qui suis-je ?

3 Plus tu en retires et plus je grossis.
Qui suis-je ?

4 Jeune, je suis grande, vieille, je suis petite.
Qui suis-je ?

5 Je suis pleine de trous, pourtant je retiens beaucoup d'eau.
Qui suis-je ?

6 Avant d'être utilisé, je dois être cassé.
Qui suis-je ?

7 On peut me servir, mais je ne suis jamais mangée.
Qui suis-je ?

8 Je suis plus léger qu'une plume, mais personne ne peut me retenir bien longtemps. **Qui suis-je ?**

Des hiboux perchés

Suis les étapes pour dessiner des hiboux sur une branche.

1. Dessine une tête et un corps.
2. Ajoute ailes, pattes et contour de la face.
3. Fais les yeux, le bec et d'autres détails.

Blagues stupides

112

1

Comment appelles-tu un mouton sans pattes ?

2

Que fais-tu si tu trouves un crocodile dans ton lit ?

3

Qui a succédé au premier empereur romain ?

4

Qu'est-ce qui est noir et blanc, et qui monte et descend ?

5

Qu'est-ce que le squelette a commandé avec sa boisson ?

6

Comment fais-tu voyager le temps ?

7

Qu'est-ce qu'un bonhomme de neige dit à un autre ?

8

Pourquoi le cheval porte-t-il le cowboy jusqu'à la ville ?

Réponses

1

Un nuage

2

Je vais dormir ailleurs.

3

Le deuxième empereur romain

4

Un pingouin sur un trampoline

5

Une serpillière

6

En lançant une pendule en l'air.

7

Est-ce que tu sens la carotte ?

8

Parce que le cowboy ne peut pas porter le cheval.

Qui habite ici ?

Dans ce jeu, un joueur cherche une maison intéressante. Quand il en repère une, il demande : « Qui habite ici ? » Les autres joueurs imaginent, tour à tour, des propriétaires.

Les dominos

114

Étudie chaque séquence et complète le dernier domino.

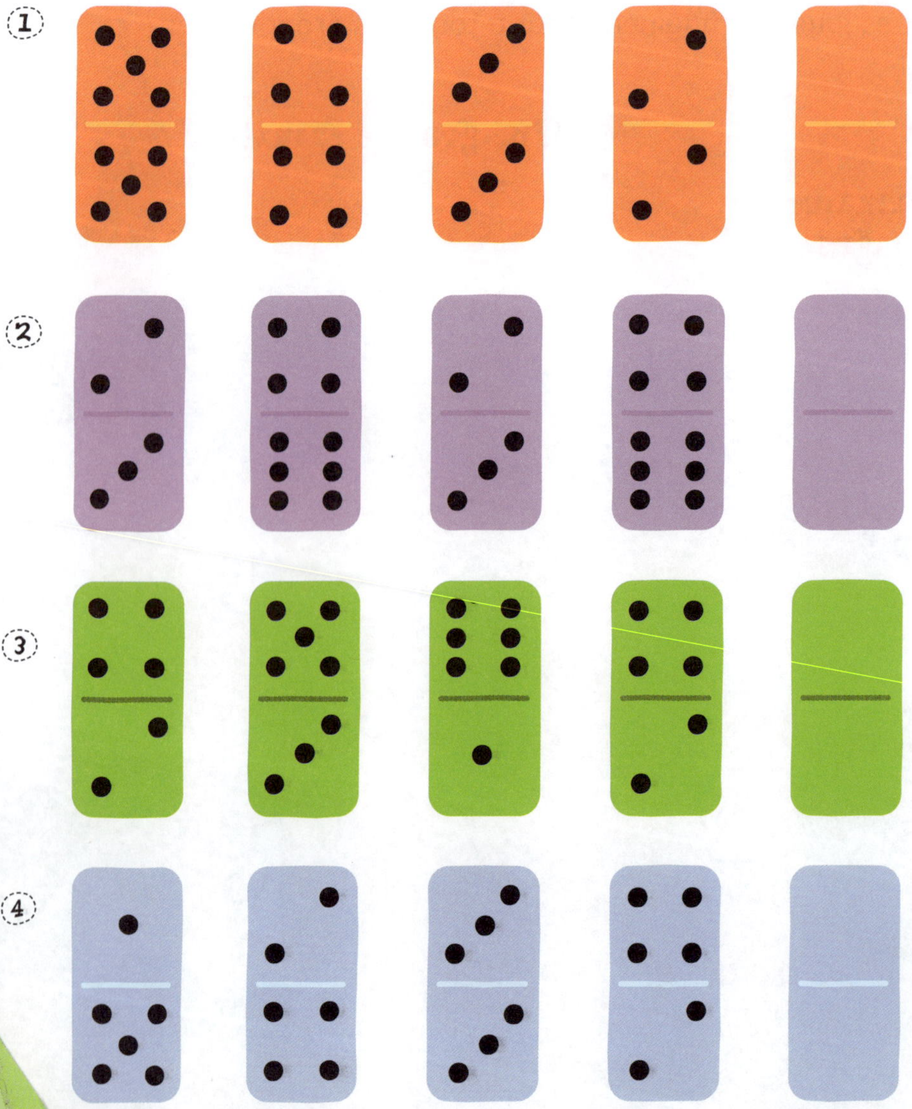

Nuages imaginaires

Imagine des choses bizarres vues dans les nuages par les moutons.

Perroquets perchés

Seuls deux de ces perroquets sont identiques. Lesquels ?

Petite abeille affairée

Peux-tu guider cette abeille jusqu'à la fleur rose ?

La grenouille qui coasse

Suis les instructions de la page 188 pour transformer cette page en grenouille.

La caverne aux trésors

Remplis cette caverne de trésors à faire pâlir d'envie un pirate.

Un super carburant

Avec un super carburant, une voiture va plus vite. Trouve laquelle de ces voitures est la plus rapide et laquelle est la plus lente.

Quiz des drapeaux

Déchiffre le nom de chaque pays et inscris son numéro sur son drapeau.

1. RANCEF ....

2. MQAIEUJA ....

3. PANJO ....

4. MLEGEALAN ....

Souvenirs, souvenirs

Ferme les yeux et souviens-toi de l'endroit le plus beau où tu es allé. Puis ouvre les yeux et raconte pourquoi c'était si spécial.

Quand j'ai visité...

J'ai vu...

J'ai entendu...

J'ai senti...

J'ai aimé parce que...

Un effrayant manoir

Dessine des détails qui rendront ce vieux manoir terrifiant.

Quiz aérien

1 Quel est le vol le plus long :

Paris à New York **ou** Paris à Moscou ?

2 Qui avait un tapis volant ?

a) Ali Baba

b) Sindbad

c) Aladin

3 Les avions de ligne modernes peuvent faire le tour du monde sans se poser.

Vrai ou faux ?

4 Dans un avion gros-porteur, où s'installe le pilote ?

a) dans la cabine

b) dans la soute

c) dans le cockpit

5 Qui perd son soulier au moment de quitter la salle de bal ?

a) Charlie

b) Cendrillon

c) Babar

Les planches de surf

Décore ces planches de surf de motifs artistiques évoquant les vagues.

Le compte d'étiquettes

Ton groupe de voyage a besoin de 18 étiquettes pour les bagages. En faut-il plus ou moins que ci-dessous ? Combien ?

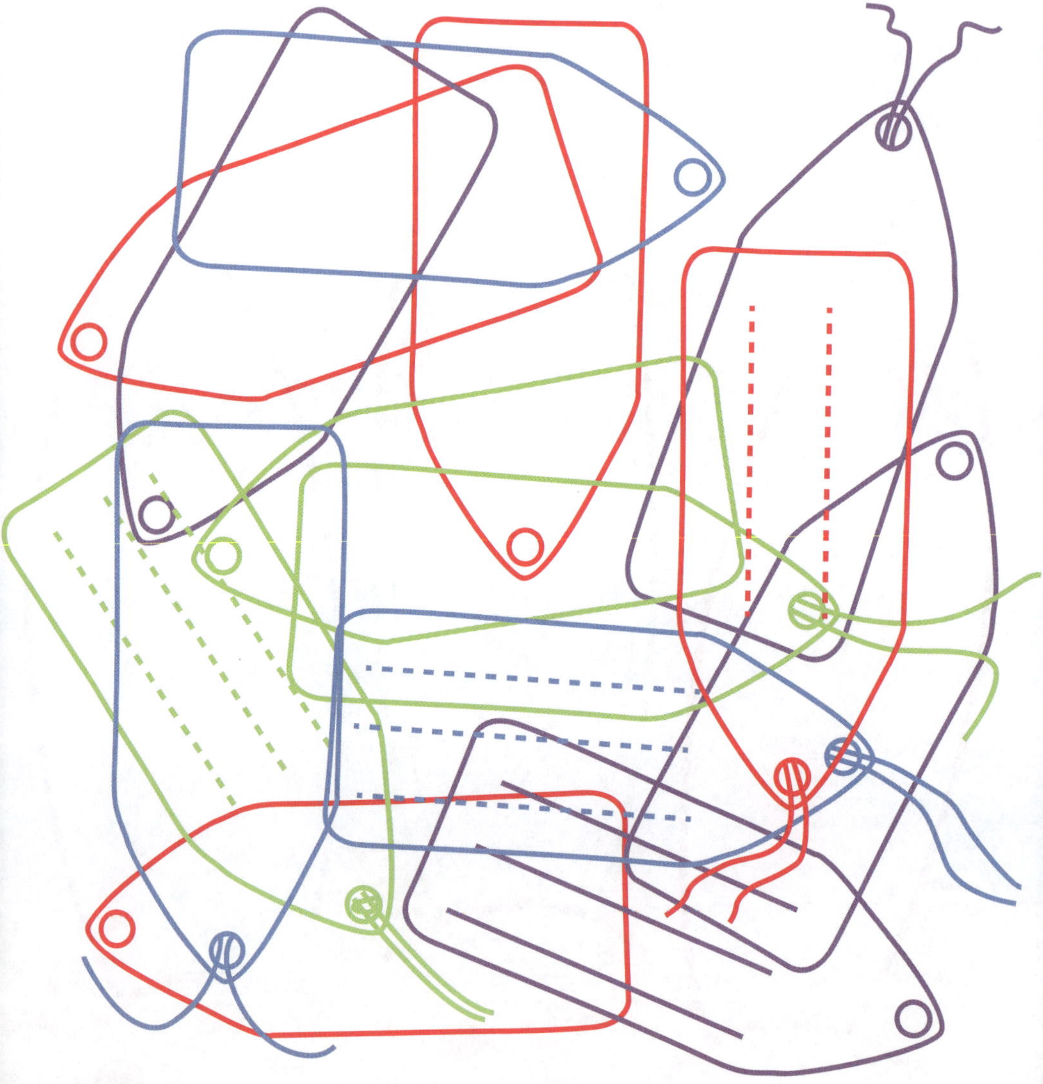

Réponse : ....

Un camping encombré

Trace une ligne qui va de Dan à la plage sans toucher aucune tente.

Galerie de portraits

Avec tes crayons termine les faces de ces animaux du zoo.
Sont-ils heureux, en colère, endormis ? À toi de décider...

L'aigle royal

Suis les instructions de la page 187 pour plier cette page et la transformer en aigle royal.

Coupe ou déchire suivant le pointillé.

Mots cachés gourmands

Peux-tu trouver les aliments ci-dessous dans la grille ?

Ils peuvent être écrits dans n'importe quel sens.

c	a	h	i	v	t	e	s	l	s
u	p	d	n	o	b	m	a	j	e
r	o	e	t	e	a	z	n	d	c
d	i	r	c	u	p	c	a	k	e
a	s	p	i	h	c	z	n	g	u
f	s	a	n	f	e	o	a	z	a
l	o	p	l	i	c	m	z	l	f
p	n	h	u	a	o	b	z	e	o
t	d	e	d	r	m	k	i	t	s
e	g	a	f	e	i	i	p	j	

ananas
chips
salami
fromage
pizza
cupcake
jambon
poisson
pêche

Dessine des avions

131

Suis ces instructions pour remplir cette page d'avions :

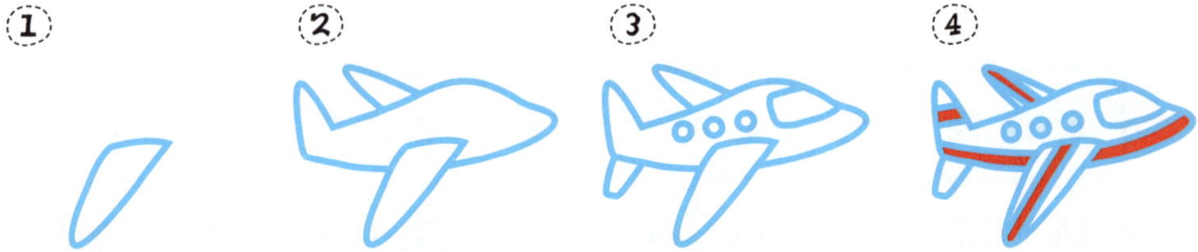

Dessine une aile. — **Puis la carlingue et l'autre aile.** — **Ajoute des hublots et un empennage.** — **Termine par des détails et colorie.**

Dans la savane

Aide ces éléphants assoiffés à trouver leur chemin le long du sentier en pointillé jusqu'au point d'eau.

Jeux drôles

1 **Schtroumpfer** Un joueur pense à un mot d'action, comme « nager », mais dans le jeu, il le remplace par « schtroumpfer ». À tour de rôle, les autres joueurs posent une question pour deviner le mot réel.

Peux-tu schtroumpfer dans une voiture ?

Non.

Est-ce que schtroumpfer est drôle ?

J'aime beaucoup ça !

2 **Histoire inventée** Ensemble, imaginez une histoire. Un joueur commence par quelques mots, ou une phrase, et les autres, tour à tour, poursuivent l'histoire.

Il était une fois une vieille femme...

... qui avait un crocodile chez elle.

Elle l'emmenait au parc en promenade.

Un jour il pourchassa un chien...

... jusque dans un zoo ! Mais le chien avait des super pouvoirs...

Mots composés

Trouve un mot pouvant être ajouté après le premier et devant le dernier, afin d'obtenir deux mots composés. Par exemple :

couvre | chef | lieu

1. casse | | bêche
2. cache | | nez
3. lit | | mouche
4. papier | | intime
5. chien | | garou
6. porte | | brosse
7. passe | | temps

O ou X ?

135

En un ou deux tours, les jeux sont faits. Qui gagnera le plus de jeux, O ou X ?

Big Ben

Dessine l'autre côté de Big Ben, la célèbre horloge londonienne.

Points à relier

Fais apparaître ce qui est dessiné sur la carte de menu de ce café.

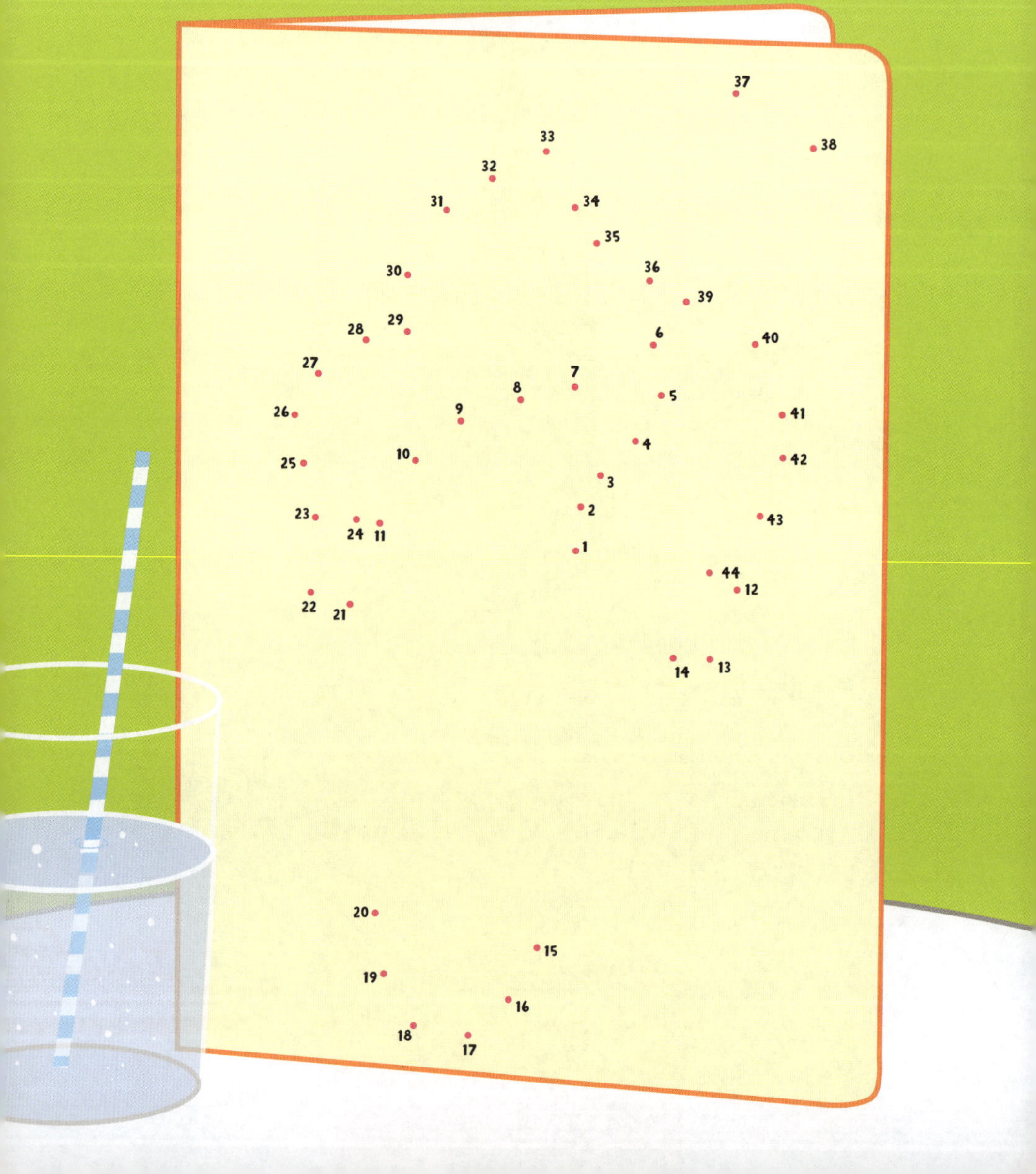

Boomerangs mélangés

Qui a lancé quel boomerang ?

Abominables aliens

Dessine les têtes aussi effrayantes que possible de ces aliens.

Mini-sudoku

140

Complète la grille ci-dessous de façon que les chiffres 1, 2, 3 et 4 apparaissent dans chaque ligne, chaque colonne et chaque bloc de quatre carrés. Voici un exemple.

3	4	1	2
1	2	3	4
4	3	2	1
2	1	4	3

		2	
	2		
1		3	
	3		

Le chat curieux

Suis les instructions de la page 189 pour plier cette page et en faire une tête de chat.

Coupe ou déchire suivant le pointillé.

La piste de ski

En suivant les traces bleues, guide ce skieur jusqu'au fanion rouge.

Monuments et sites naturels

1. Quel monument ou site naturel mesure plus de 8 000 km de long ?

   a) Grande Muraille de Chine b) Grand Canyon c) Grande Barrière de corail

2. Lequel de ces monuments n'était PAS l'une des sept merveilles du monde antique ?

   a) Les jardins suspendus de Babylone b) La pyramide de Khéops à Gizeh c) La statue de la Liberté

3. Où se trouve le Taj Mahal :

   en Afrique **ou** en Asie ?

4. Dans l'Antiquité, où se déroulaient les combats de gladiateurs ?

   a) au Colisée b) à Carnac c) sur l'île de Pâques

5. Au cinéma, quel monstre escalade l'Empire State Building ?

   a) Godzilla b) King Kong c) le conte Dracula

6. Quelle montagne surplombe la ville du Cap, en Afrique du Sud ?

   a) la montagne de la Table b) la montagne de la Chaise c) la montagne de la Tablette

7. Où se trouve la tour Eiffel ?

   a) en Angleterre b) en Russie c) en France

Casse-tête de points

144

Ce jeu se joue à deux sur une grille rectangulaire de n'importe quelle taille constituée de points.

Le premier joueur relie deux points, puis le second relie le trait à un autre point. Le perdant est le premier qui est forcé de fermer la ligne.

Le joueur rouge a gagné ce jeu :

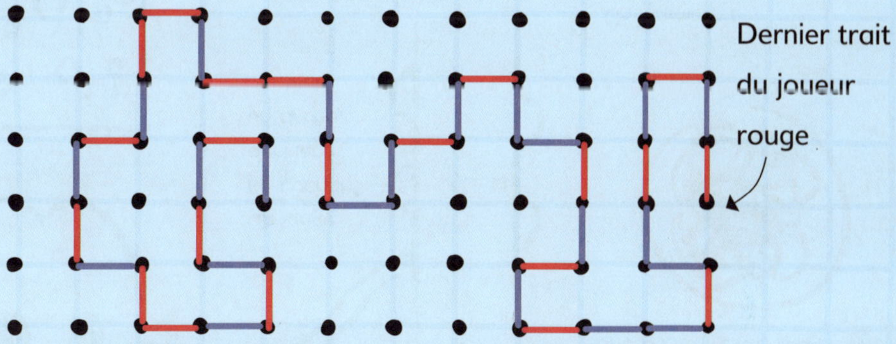

Que vois-tu ?

Que représentent ces gribouillages à tes yeux ? Fais appel à ton imagination ! Consulte nos suggestions écrites à l'envers.

Un homme au gros ventre qui arrive au coin d'une rue.

Un sandwich à la saucisse

Un bain de bulles infesté de requins

Une assiette de spaghettis

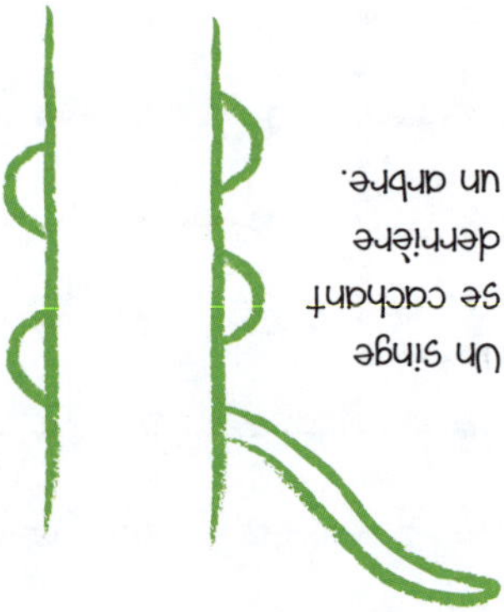

Un singe se cachant derrière un arbre.

Une femme qui jardine.

Une araignée en train de tisser.

Une femme promenant son chien.

Une queue de gens attendant le bus.

Pair et impair

Aide la cane à rejoindre ses canetons sur l'île. Elle ne doit marcher que sur les pierres dont le résultat de l'opération est un nombre pair. Le canard doit, lui, utiliser les pierres dont le résultat est impair.

Fais ta valise

Tu dois faire ta valise. Trouve et entoure d'un trait tous les articles de la liste.

- Short bleu
- Short vert
- Deux T-shirts
- Une paire de palmes
- Masque et tuba
- Lunettes de soleil
- Seau
- Maillot de bain
- Lunettes de natation
- Chapeau de soleil
- Sweat-shirt
- Sandales assorties

Dessine des chatons

Suis les étapes ci-dessous pour dessiner de jolis chatons.

1. Dessine un corps et une tête.
2. Ajoute une queue et des pattes.
3. Puis fais des oreilles.
4. Termine par la face et des rayures.

Sens unique

Rejoins l'arrivée en avançant uniquement dans le sens des flèches.

Destination croisière

150

Écris les lettres qui jalonnent la route du navire et découvre sa destination.

Réponse : ....

Entoure **V** ou **F**

Vrai ou faux ?

1 Les chauves-souris sont aveugles.

V F

2 Autrefois, les carottes étaient violettes.

V F

3 Le rouge à lèvres contient souvent des écailles de poisson.

V F

4 Les poissons rouges ont la mémoire très courte.

V F

5 Chez les moustiques, seules les femelles boivent du sang.

V F

6 Un koala est une espèce d'ours.

V F

7 Les premières majorettes étaient des hommes.

V F

8 La foudre ne frappe jamais deux fois au même endroit.

V F

9 Les fraises contiennent plus de sucre que les citrons.

V F

10 Le perce-oreille a des ailes.

V F

Illusion d'optique

Peux-tu distinguer les points noirs fantômes à l'intérieur des cercles jaunes ? Que se passe-t-il si tu en fixes un ? Vérifie dans les pages Réponses à la fin du cahier.

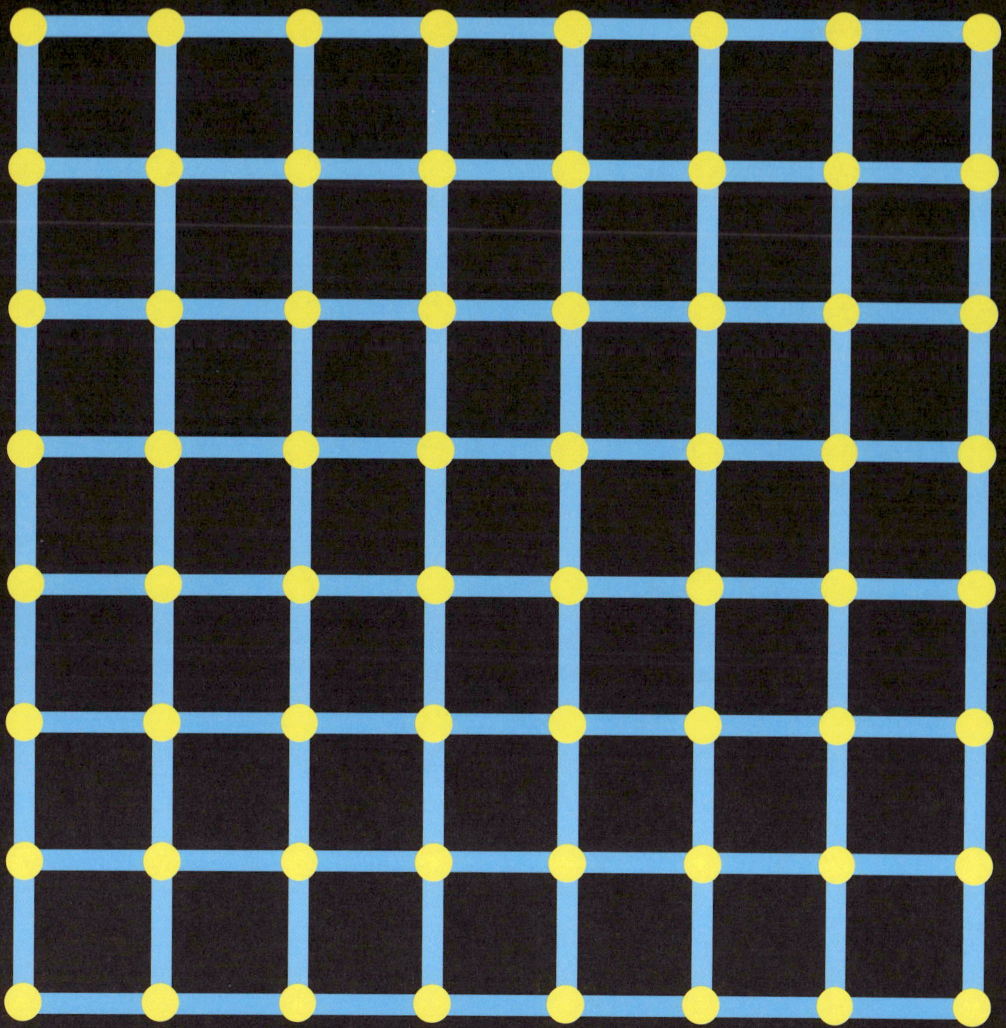

Triangles

Transforme chaque triangle au gré de ton imagination.

Bulletin météo

154

Tu es le présentateur météo : fais les bulletins des deux derniers jours, puis donne les prévisions pour demain en entourant un symbole.

Hier :

Aujourd'hui :

Demain ?

En montgolfière

Guide la montgolfière entre les nuages en évitant les orages et les averses.

Personnages célèbres

1 Je suis un hors-la-loi célèbre et un archer redoutable. Je vole les riches pour donner aux pauvres. **Qui suis-je ?**

2 Je suis la fille la plus intelligente de l'école. J'ai collé à la superglue le chapeau de mon père sur sa tête. Je me débarrasse de la méchante Mlle Legourdin. **Qui suis-je ?**

3 J'apprends la magie dans une école très spéciale, mais je suis poursuivi par un ennemi maléfique qui veut ma mort. **Qui suis-je ?**

4 Je vois passer un lapin qui regarde sa montre et je le poursuis dans son terrier. **Qui suis-je ?**

5 Je suis un plombier qui porte une casquette rouge et une salopette bleue. Je sauve la princesse Peach enlevée par le diabolique Bowser. **Qui suis-je ?**

6 Mon patron est M. Mon collègue est Q. Mon matricule est 007. **Qui suis-je ?**

7 J'ai deux affreuses sœurs et je perds ma pantoufle de verre lors d'un bal. **Qui suis-je ?**

La tête de tigre

Suis les instructions de la page 190 pour plier cette page et en faire une tête de tigre.

Coupe ou déchire suivant le pointillé.

Plateau-repas en avion

En avion, que vas-tu trouver dans ton plateau-repas ? Dessine ton repas idéal dans les compartiments du plateau.

Plongeur en danger !

Ce plongeur doit rejoindre la surface, mais des obstacles se dressent sur sa route. Chaque danger comporte un certain nombre de points. Additionne-les pour déterminer le trajet le plus sûr.

Méduse
1 point

Encre de seiche
2 points

Raie épineuse
4 points

Requin
5 points

Sudoku en images

Complète la grille ci-dessous de façon que ces quatre friandises estivales apparaissent dans chaque ligne, chaque colonne et chaque bloc de quatre carrés. Voici un exemple :

Dessine un robot

Suis les étapes pour créer ton propre robot.

1

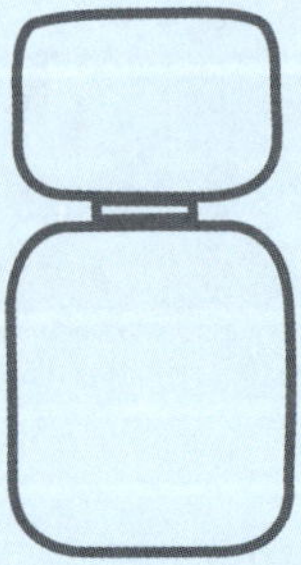

Dessine un corps.

2

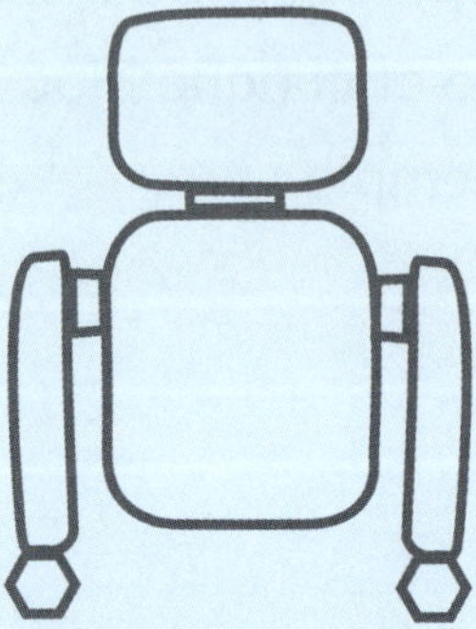

Fais-lui des bras.

3

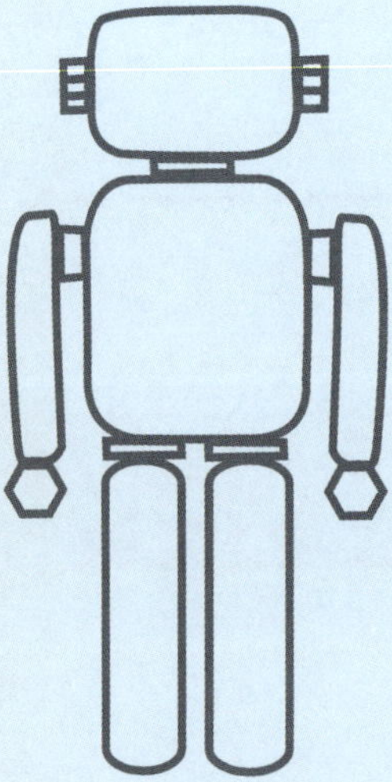

Ajoute des jambes et des oreilles.

4

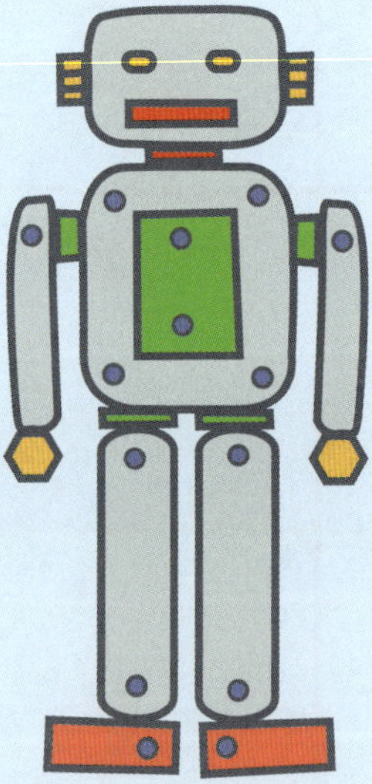

Termine par les pieds, la face, des boulons, et colorie.

Jeux pour rire

1. Fais des grimaces, tout en restant silencieux. Observe combien de temps il faut pour que quelqu'un le remarque.

2. Prononce la phrase « Tu pues les chaussettes sales », mais attends 20 secondes entre chaque mot. Pourras-tu aller au bout de la phrase sans que personne ne saisisse ?

3. Posez des questions chacun à votre tour. Vous devez tous répondre « poisson pourri ». Le but est de poser une question dont la réponse fasse rire.

Ça klaxonne !

Ajoute des véhicules pour créer un énorme embouteillage.

Labyrinthe dans pyramide

Tu es perdu à l'intérieur d'une pyramide. Trouve le chemin vers la sortie en évitant les momies, les crânes et les serpents.

L'île Ensoleillée

Ces images mélangées montrent le vol d'un avion vers l'île Ensoleillée. Remets-les dans l'ordre.

1 = 2 = 3 = 4 = 5 =

a

b

c

d

e

En route pour le paradis

Tu as gagné un voyage exotique ! Le nom de la destination est caché dans la liste des objets à mettre dans ta valise.

À EMPORTER

2 Palmes

3 Lunettes de soleil

5 Shorts

2 Livres

3 Ballons

4 Maillots de bain

5 Chapeaux

1 Serviette de plage

Indice : regarde le numéro précédant chaque article !

Réponse : ....

La chasse aux papillons

Lily a attrapé les petits papillons, Madeleine, les moyens, et Bernard, les grands. Compte combien de papillons chaque enfant a attrapés, puis colorie ceux de Lily en jaune, ceux de Madeleine en rouge et ceux de Bernard en bleu.

Lily : ....   Madeleine : ....   Bernard : ....

Le jeu des traits

168

Ce jeu se joue à deux sur une grille de points rectangulaire dont la taille n'a pas d'importance.

Les joueurs tracent un trait entre deux points, l'un verticalement et l'autre horizontalement. Chaque point ne doit être relié qu'à un seul autre. Le perdant est celui qui ne peut plus tracer de trait.

Le joueur bleu a gagné ce jeu :

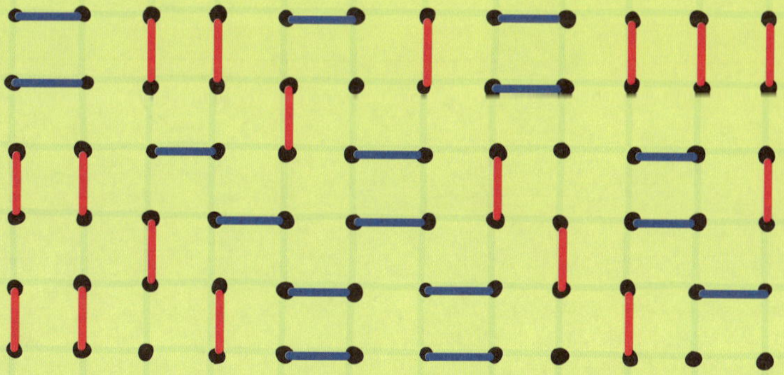

Dessin de martien

Avec un ami, faites un martien. Déchire la page et plie-la suivant le pointillé. À l'abri des regards, dessine le corps, puis plie la page de façon que ton ami puisse dessiner la tête sans voir le corps.

Manchots et compagnie

170

Brrrr ! Dessine d'autres manchots blottis autour de ceux-ci pour leur tenir chaud.

Montgolfière décorée

Les formes qui décorent cette montgolfière suivent un motif précis – mais certaines manquent dans le quart blanc du bas. Dessine-les.

La fête foraine

Par ici les cadeaux ! Pour gagner ce jeu, rien de plus facile : sur chaque étagère, repère le lot différent des autres.

Le plus beau phare

173

Dessine le phare le plus spectaculaire que tu puisses imaginer.

Juste pour rire

1

Qu'obtient-on en croisant un éléphant avec un kangourou ?

2

Où la reine d'Angleterre a-t-elle été couronnée ?

3

Où trouve-t-on Québec ?

4

Que dire d'un ours polaire dans le désert ?

5

Qu'est-ce qui a deux têtes et six jambes ?

6

Quel animal peut sauter plus haut qu'un immeuble ?

7

Qu'obtient-on en croisant une abeille avec un mouton ?

8

Qu'est-ce qui est pire que de trouver un asticot dans ta pomme ?

Réponses

1

De gros trous à travers toute l'Australie.

2

Sur la tête

3

Sur une carte

4

Il est perdu.

5

Un homme à cheval

6

Presque tous – les immeubles ne peuvent pas sauter !

7

Un pull rayé

8

Trouver la moitié d'un asticot.

Le gecko vorace

Suis les instructions de la page 187 pour plier cette page et la transformer en un gecko vorace.

Coupe ou déchire suivant le pointillé.

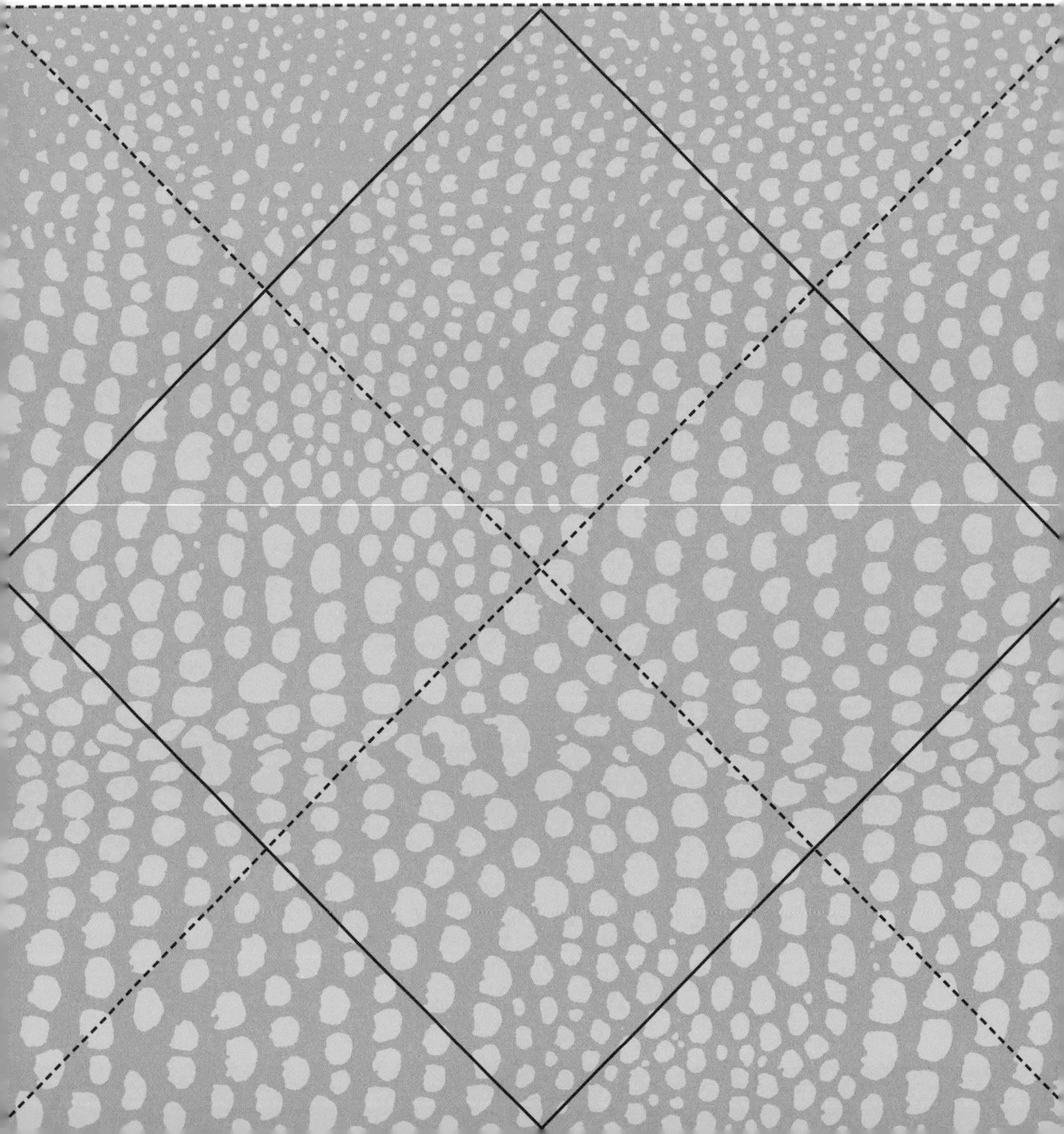

Un aéroport animé

Trouve le chiffre manquant sur chaque avion de façon que le total soit le même sur chacune des ailes. L'avion dont le total est le plus élevé décollera en premier. Lequel est-ce ?

Dessine une fusée

Suis les étapes ci-dessous pour dessiner une fusée.

1 **Dessine le corps.**

2 **Ajoute des ailerons et un moteur.**

3 **Puis un hublot, une porte et des détails.**

4 **Colorie, et prêt pour le décollage !**

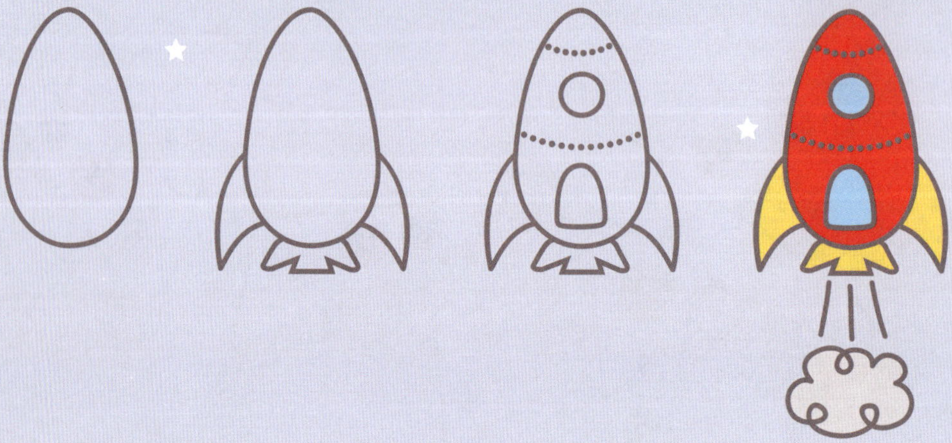

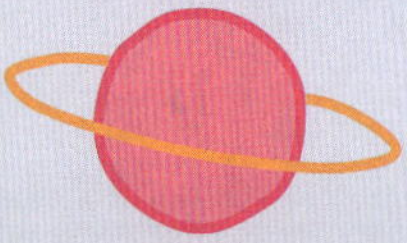

Quatre clôtures

Trace quatre clôtures en ligne droite pour séparer les vaches.

La mosaïque

Retrouve les deux petites mosaïques du bas dans la grande et entoure-les.

Trouve les différences

Cherche les sept différences entre ces deux dessins.

La machine à cupcakes

Numérote les formes du haut pour montrer la provenance de chaque garnissage, dans l'ordre où ils sont ajoutés sur les gâteaux.

Montgolfières sur les villes

Sur chaque montgolfière figure la moitié du nom d'une ville célèbre. Relie-les afin de trouver de quelles villes il s'agit.

Petit labyrinthe

Trouve ton chemin dans ce labyrinthe.

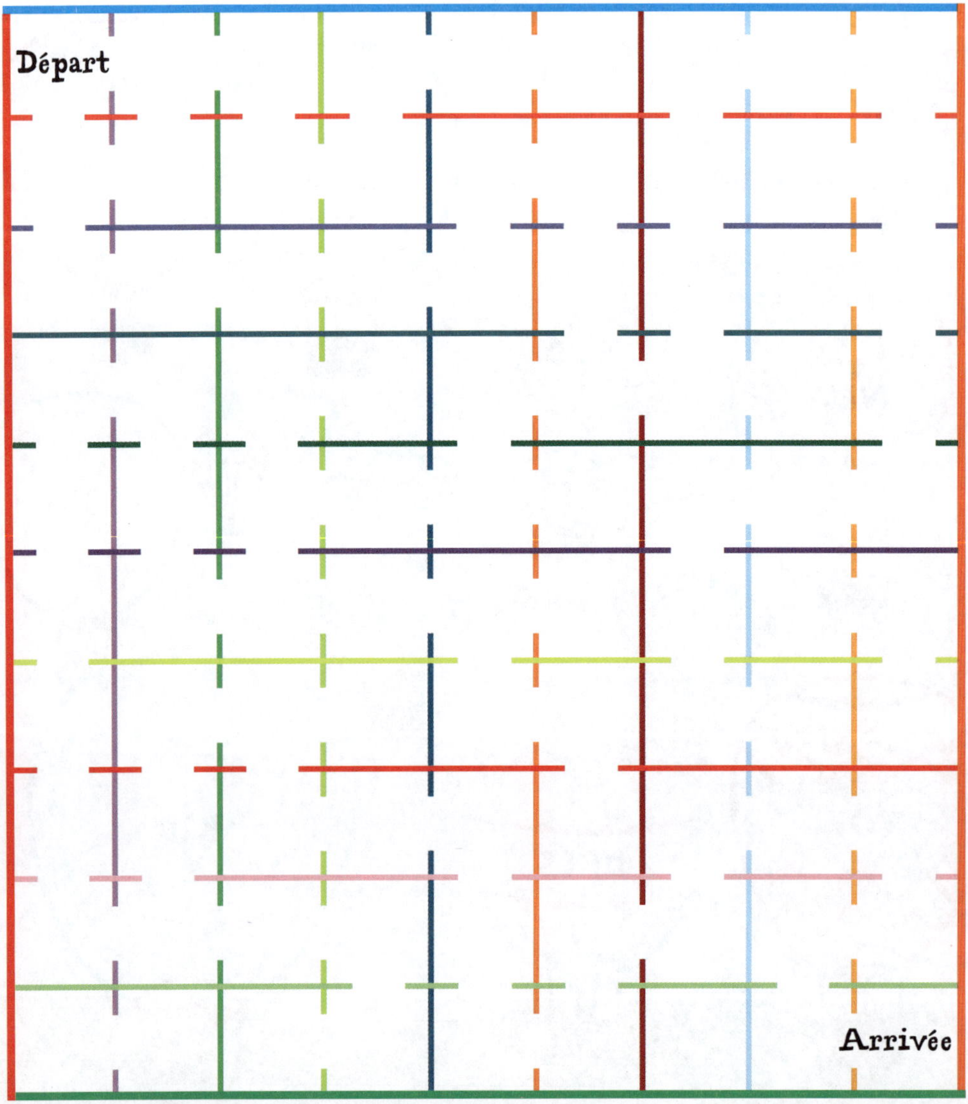

Fait ou fiction ?

1. Les Bulgares secouent la tête pour dire « oui » et hochent la tête pour dire « non ».

2. Les Sud-Africains bâillent quand ils sont excités.

3. On ne trouve des manchots que dans les régions antarctiques.

4. Au Népal, une femme mariée porte son anneau matrimonial dans le nez.

5. Gustave Eiffel, l'ingénieur français concepteur de la tour Eiffel, a aussi réalisé la statue de la Liberté de New York.

6. Pour un anniversaire, au Brésil, les gens tirent sur les lobes des oreilles.

7. Les Italiens sont les gens les plus grands.

8. Sydney est la capitale de l'Australie.

9. L'hymne national espagnol n'a pas de paroles.

10. Un Africain sur cinq vit au Nigéria.

Une voie ferrée risquée

Aide ce train à rejoindre la gare en évitant tous les obstacles bloquant la voie.

Mugs en souvenir

Cette boutique vend des mugs en souvenir de villes – mais l'une d'entre elles n'est pas à sa place. Entoure-la d'un trait.

Instructions

Le diseur de bonne aventure (41), Lance des défis (97), L'aigle royal (129), Le gecko vorace (175)

1

Marque le pli suivant les deux pointillés.

2

Rabats les quatre coins au centre.

3

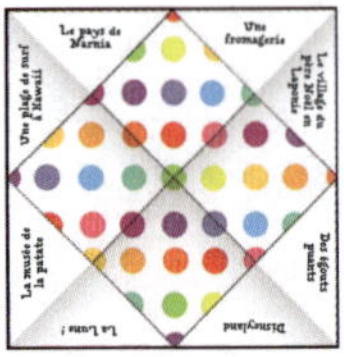

Retourne le papier.

4

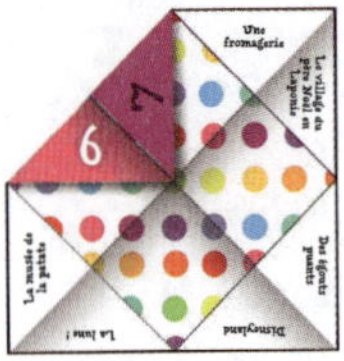

Rabats encore une fois les coins au centre.

5

Plie le carré obtenu en deux dans les deux sens.

6

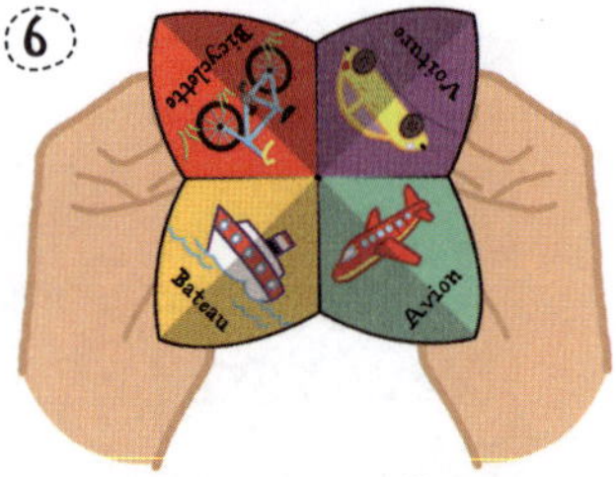

Ouvre ton diseur de bonne aventure.

Pour jouer avec ton diseur de bonne aventure et ton lanceur de défis :

Bouche large (à l'horizontale)

Bouche longue (à la verticale)

1 Demande à ton ami de choisir l'un des mots, par exemple « bateau ». **2** Épelle le mot avec le diseur de bonne aventure : « b » ouvre la bouche longue, « a » ouvre la bouche large… **3** Arrête à la dernière lettre et demande à ton ami de choisir l'un des chiffres. **4** Compte le chiffre avec le diseur : « 1 » ouvre la bouche large, « 2 » ouvre la bouche longue… **5** Arrête au dernier chiffre et demande à ton ami de choisir l'un des chiffres. **6** Ouvre le rabat et révèle le message à ton ami.

Instructions

Le manchot bavard (32) et La grenouille qui coasse (118)

1

Plie la page en deux, image à l'extérieur.

2

Coupe ou déchire suivant le pointillé (bec).

3

Marque les plis des deux moitiés du bec obtenu dans les deux sens.

4

Plie en deux la page dans l'autre sens, image à l'intérieur.

5

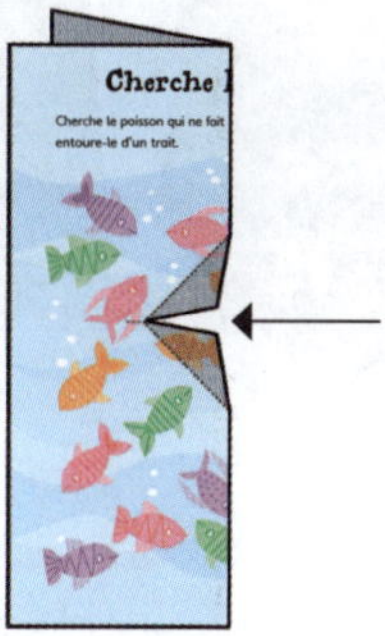

Rentre le bec vers l'intérieur.

6

Pour ouvrir le bec, appuie légèrement sur les bords de la page.

Instructions

Le hibou (64), Le monstre (76) et Le chat curieux (141)

1

Plie la page suivant
le pointillé.

2

Rabats les coins
vers l'arrière.

3

Retourne le pliage et replie le
bout des coins vers le haut.

4

Plie les coins du bas en arrière de
façon que le hibou tienne debout.

Instructions

La tête de clown (15), La fusée (51) et La tête de tigre (157)

1

Plie suivant
le pointillé.

2

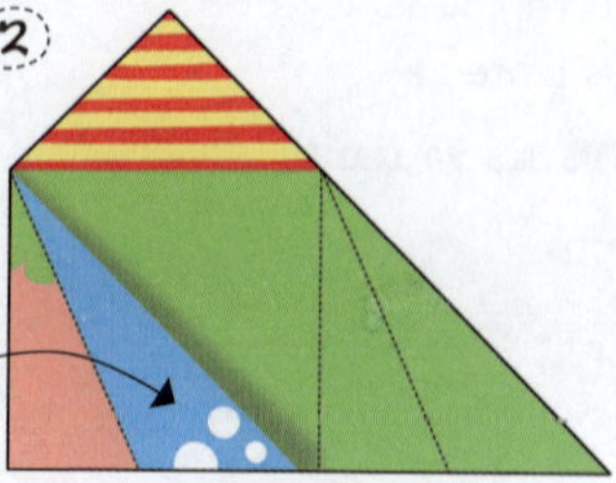

Retourne le pliage et
rabats le coin gauche.

3

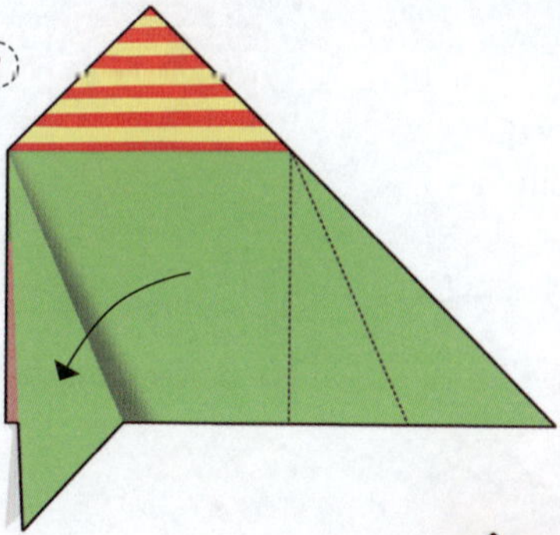

Replie vers le bas
l'extrémité du coin.

4

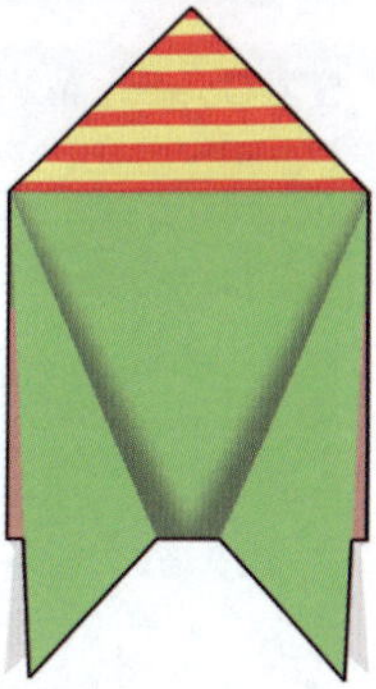

Répète les étapes 2
et 3 de l'autre côté.

5

Voici le pliage
achevé.

Réponses

1 Embouteillage dans le tunnel

Plus rapide : 5

Plus lente : 4

2 Tapis roulant

4 Temps de voyage

Le voyage en voiture

6 Carrelage de triangles

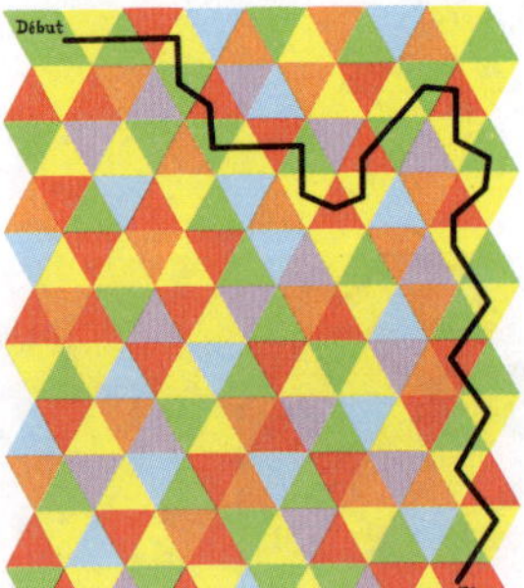

7 Dans quel pays ?

1. c 2. b 3. a

4. Combats de taureaux

5. b (La cité s'appelle Machu Picchu.) 6. a 7. c

8 Les drapeaux

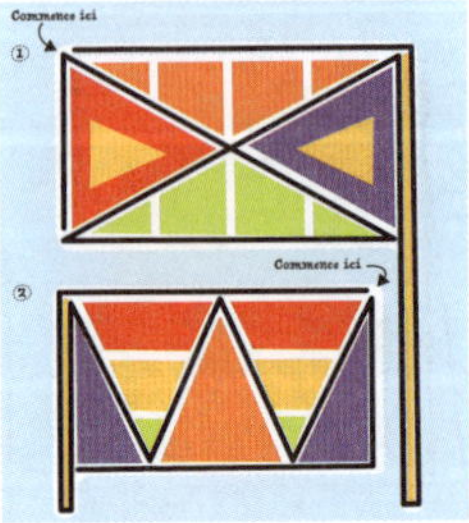

Voici l'une des façons de le faire.

9 La chasse au trésor

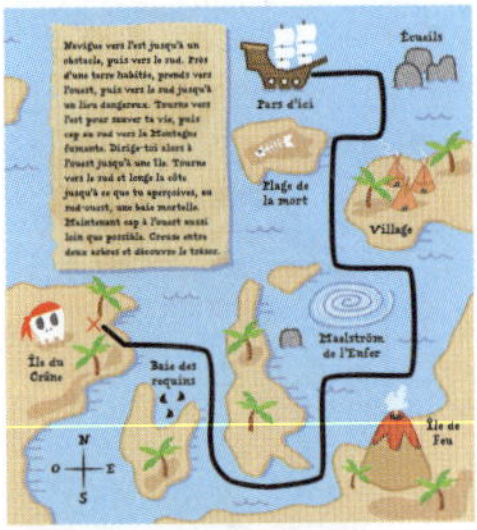

10 Collection de bestioles

11 Camp de vacances en canoë

12 Voyage en avion

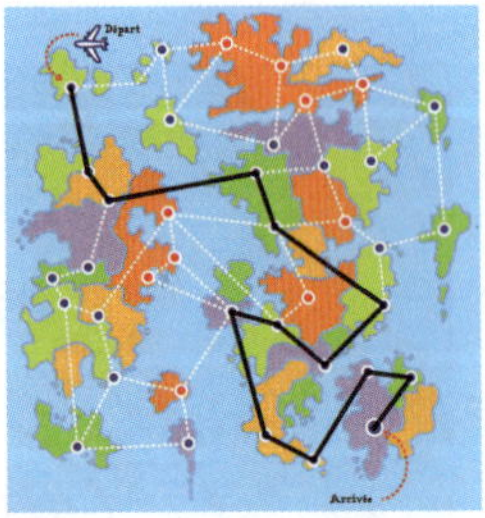

13 Bagage en excès

Le sac de 18 kg

18 Un camping dangereux..

Des ours

21 Une plage encombrée

22 Course à l'aéroport

L'avion blanc

24 La course au trésor

Réponses

25 Carré magique

27 Illusion d'optique

Des cercles séparés

Illusion © Prof. Baingio Pinna

28 Mots croisés

30 Addition de pommes

31 Cherche le poisson

33 Graine d'explorateur

1. c 2. c 3. c 4. b 5. a
6. Au fond de l'océan
7. Christophe Colomb

34 La tour du dragon

36 Trafic aérien

17

37 L'ascension de l'espion

39 Graine de navigateur

1. c 2. Sous-marin
3. Drakkar 4. b
5. Hamac 6. b 7. b

42 Sur la jetée du port

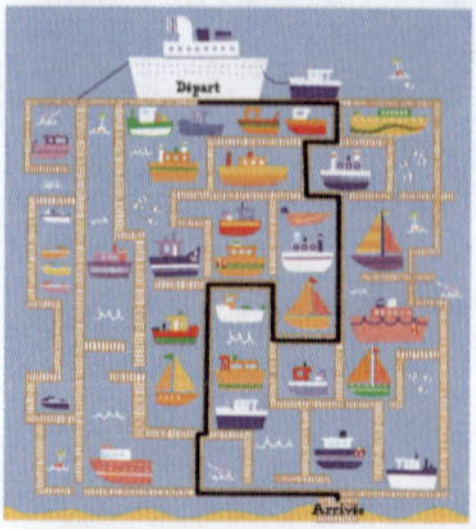

43 Les vases de fleurs

45 L'image cachée

46 Abeilles ou araignées ?

Huit abeilles, quatre araignées

Réponses

47 Le petit train

48 Croix de mots

1. p 2. n 3. l 4. e

49 Compte les ponts

La voiture bleue

50 Divise le monde

54 Pingouins en vacances

Ligne 3

57 Fait ou fiction ?

1. Fiction 2. Fiction
3. Fait 4. Fiction
5. Fait 6. Fait
7. Fiction 8. Fiction
9. Fiction 10. Fait (en 1961)

58 Mots croisés

[1] S	I	X	■	■	[2] P	[3] E	U	[4] R
T	■	■	■	[5] D	■	N	■	A
[6] A	G	O	R	A	■	F	■	T
R	■	■	■	U	■	E	■	■
■	[7] V	[8] A	M	P	I	R	E	■
■	■	V	■	H	■	■	■	[9] S
[10] B	■	R	■	[11] I	M	A	G	E
I	■	I	■	N	■	■	■	U
[12] S	A	L	E	■	■	[13] S	O	L

59 Points à relier

60 Déchiffre les codes

Agent X : RENDEZ VOUS À LA GARE À SEPT HEURES TRENTE JE PORTERAI UNE CRAVATE ROUGE X

Agent Z : ATTENTION ESPION ENNEMI À LA GARE ALLEZ À LA BIBLIOTHÈQUE À CINQ HEURES Z

61 Une promenade dangereuse

63 Bric-à-brac de plage

11

65 L'antre du dragon

66 Illusion d'optique

Faux : elle sont parallèles.

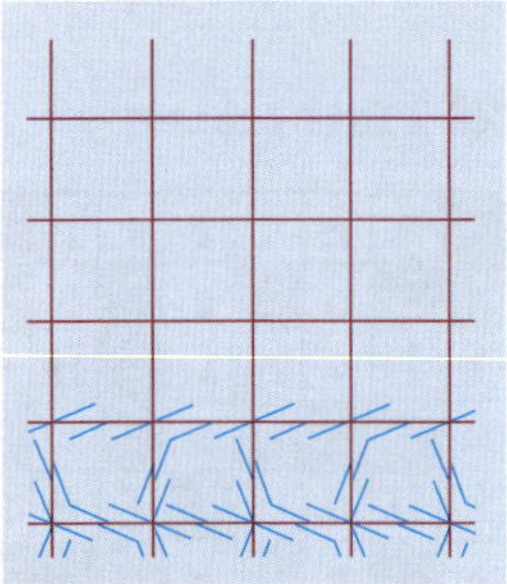

67 Questions bêtes

1. L'abominable homme des neiges
2. L'ours polaire
3. b
4. a
5. Vrai
6. De la graisse
7. Du sang
8. b

68 Mot mystère

Hollywood

Réponses

70 La bonne valise

73 Un sentier perdu

74 Grille énigme
Timbre

75 Illusion d'optique
La plupart des gens les voient disparaître.

77 Le repas de la girafe
Quatre heures

78 Le cube gourmand B

79 Vrai ou faux
1. Faux 2. Vrai 3. Vrai
4. Faux 5. Faux (70 % sont couverts par les océans)
6. Vrai 7. Faux 8. Faux

82 La pile de bagages

83 Le refuge en montagne

85 Dans la jungle
g6 b4 b3 e3

89 Les symboles météo
Soleil = 5 Flocon = 1
Arc-en-ciel = 3 Nuage = 4
Manquant = Flocon

90 Les soucoupes volantes

92 Illusion d'optique
Oui, pour la plupart des gens.

93 Quiz du globe-trotteur
1. nord-est 2. a
3. c 4. b 5. c
6. Musée Grévin
7. Océan Atlantique

95 Pays et capitales

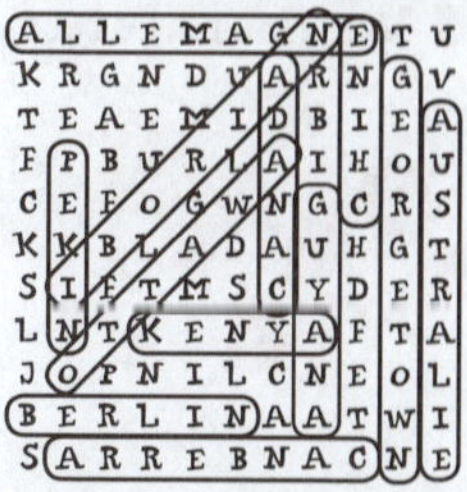

Chine – Pékin
Guyana – Georgetown
Allemagne – Berlin
Kenya – Nairobi
Canada – Ottawa
Australie – Canberra

99 Cherche les points 28

101 À l'aéroport Porte 4

102 Animaux, vrai ou faux ?
1. Faux 2. Faux
3. Vrai 4. Vrai
5. Vrai 6. Faux
7. Vrai 8. Vrai
9. Vrai 10. Faux

Réponses

103 Illusion d'optique Faux

105 Des fleurs futées

106 Décalage horaire

Horloge rouge : Bombay
Horloge verte : Istanbul
Horloge bleue : Paris
Horloge jaune : Londres
Horloge violette : Moscou

107 Points à relier

110 Devinettes

1. Le feu
2. Une chemise
3. Un trou
4. Une bougie
5. Une éponge
6. Un œuf
7. Une balle de tennis
8. Le souffle

114 Les dominos

116 Perroquets perchés

117 Petite abeille affairée

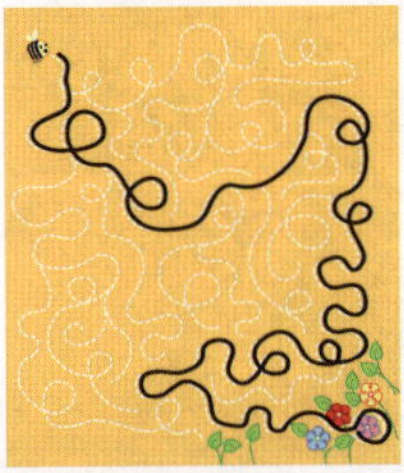

120 Un super carburant

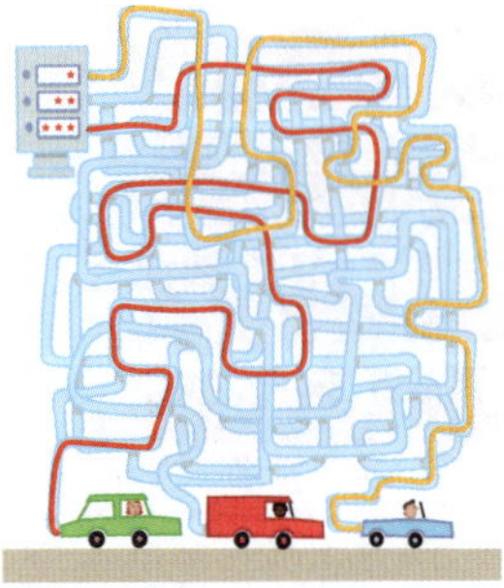

121 Quiz des drapeaux

124 Quiz aérien

1. Paris à New-York
2. c 3. Faux 4. c 5. b

126 Le compte d'étiquettes

Quatre de plus

127 Un camping encombré

Réponses

130 Mots cachés

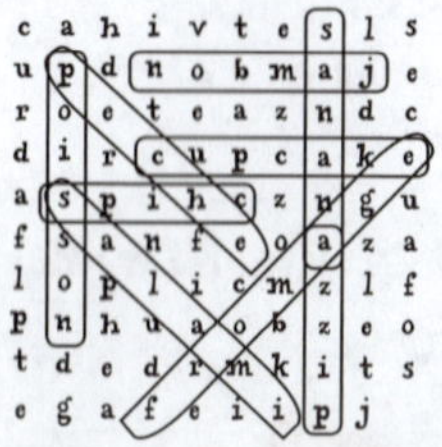

132 Dans la savane

134 Mots composés

1. Tête
2. Cache
3. Bateau
4. Journal
5. Loup
6. Balai
7. Passe

135 O ou X ?

137 Points à relier

138 Boomerangs mélangés

140 Mini-sudoku

4	1	2	3
3	2	1	4
1	4	3	2
2	3	4	1

142 La piste de ski

143 Monuments et sites naturels

1. a 2. c 3. en Asie
4. a 5. b 6. a 7. c

146 Pair et impair

147 Fais ta valise

149 Sens unique

150 Destination croisière

Rio de Janeiro

Réponses

151 Vrai ou faux ?

1. F 2. V 3. V 4. F 5. V
6. F 7. V 8. F 9. F 10. V

152 Illusion d'optique

Il disparaît.

155 En montgolfière

156 Personnages célèbres

1. Robin des bois
2. Matilda
3. Harry Potter
4. Alice 5. Mario
6. James Bond
7. Cendrillon

159 Plongeur en danger !

160 Sudoku en images

164 Labyrinthe dans pyramide

165 L'île Ensoleillée

1. c 2. d 3. a
4. e 5. b

166 En route pour le paradis

Antilles

167 La chasse aux papillons

Lily : 21
Madeleine : 17
Bernard : 9

171 Montgolfière décorée

172 La fête foraine

176 Un aéroport animé

A. 7
B. 8
C. 5
D. 31
E. 28
L'avion E décolle en premier.